U0609534

大数据时代的信息管理与系统优化研究

王　涓　戚　凯　孙　浩　著

中国原子能出版社

图书在版编目（CIP）数据

大数据时代的信息管理与系统优化研究 / 王涓，戚凯，孙浩著. -- 北京 ：中国原子能出版社，2024. 12.

ISBN 978-7-5221-3780-3

Ⅰ. G203

中国国家版本馆 CIP 数据核字第 2024QH6243 号

大数据时代的信息管理与系统优化研究

出版发行	中国原子能出版社（北京市海淀区阜成路 43 号　100048）
责任编辑	张　磊
责任印制	赵　明
印　　刷	北京厚诚则铭印刷科技有限公司
经　　销	全国新华书店
开　　本	787 mm×1092 mm　1/16
印　　张	16.25
字　　数	251 千字
版　　次	2024 年 12 月第 1 版　2024 年 12 月第 1 次印刷
书　　号	ISBN 978-7-5221-3780-3　　定　价　**78.00 元**

版权所有　侵权必究

前　言

　　随着科技和信息技术的迅猛发展，人类社会已迈入一个数据爆炸的新时代。大数据时代的到来，不仅改变了信息的产生、存储和处理方式，为各个领域带来了前所未有的机遇，同时也对信息管理和系统优化提出了新的挑战。

　　企业能够利用大数据更好地理解市场需求、优化生产流程、提高决策准确性；政府可以通过大数据提升公共服务水平、加强社会治理、实现资源的合理配置；科研机构则能借助大数据开展更深入的研究，推动科技创新。然而，大数据的海量性、多样性、高速性和低价值密度等特点，也给信息管理带来了诸多难题。如何有效地存储、管理和保护大数据，如何从海量数据中提取有价值的信息，以及如何确保数据的质量和安全性，这些都是我们面临的重要课题。

　　同时，大数据对系统优化也提出了新的要求。传统的信息系统在面对大数据的冲击时，往往显得力不从心。因此，系统的性能、可扩展性、可靠性和其他方面都需要进行全面的优化和升级。只有持续改进信息系统，使其适应大数据时代的需求，才能充分发挥大数据的价值，为社会的发展和进步提供有力支持。

　　本书旨在探讨大数据背景下信息管理与系统优化的相关理论与实践，并关注大数据时代的信息安全与隐私保护问题。我们探讨如何在利用大数据带来便利和效益的同时，有效保障数据的安全和个人隐私。这不仅是一个技术问题，更涉及法律、伦理和社会治理等多方面，为相关领域的学者和从业者提供有益的参考和借鉴。我们希望本书能为读者提供对大数据时代信息管理与系统优化的全面理解，激发更多的思考与创新，为推动各领域的信息化建设和发展贡献一份力量。

在撰写本书的过程中，笔者查阅和借鉴了大量的相关资料，在此向其作者表示诚挚的感谢。此外，本书的撰写也得到了相关专家和同行的支持与帮助，在此一并致谢。由于笔者水平有限，加之时间仓促，书中难免存在不足，敬请广大读者批评指正。

目　录

第一章　信息的概述

现代管理的重心在经营，经营的中心在决策，决策的前提在预测，预测的基础是信息。社会主义企业要实现管理现代化，要在激烈的市场竞争中生存与发展，要为四个现代化建设作出应有的贡献，就必须善于收集信息，应用信息，开发信息资源，建立管理信息系统。要搞好信息管理，使信息转化为生产力，转化为经济效益，就必须对信息、信息的概念、信息的属性及特征，有一个基本的了解。

第一节　信息和信息概念

正确认识什么是信息以及信息的概念，是建立现代信息观念、开展信息管理和开发信息资源的第一步。

一、信息

从字面上理解，信息就是音信、消息、通知，是主观和客观之间的某种联系。

如何给信息下一个确切的定义，是人们关心的问题。迄今为止，信息还没有一个标准的定义。从不同的角度理解信息，其定义也有所不同。现将主要的定义介绍如下：

（一）信息就是信息

N·维纳在《控制论》中认为："信息就是信息，不是物质也不是能量。

不承认这一点的唯物论，在今天就不能存在下去。"物质和能量是客观存在的，具有特定的结构、组成和运动特性。而信息不是固定不变的实体，不能将含有信息的载体物质和能量与信息混为一谈。信息不是物质和能量本身，它既有精神层面的存在，也有物质的存在形式和属性。例如，时间和空间是物质存在的形式，但不能将其视为物质和能量。信息是物质的一种属性，反映物质客体及其在相互作用、相互联系过程中表征的状态和特性。

（二）信息是"通知"

信息最简单的定义是"通知"，即"关于生活主体同外部客体之间有关情况的通知"。

（三）信息是"消息"

信息最简单的定义是"消息"，即"生活主体同外部客体之间有关情况的消息"。这个定义以信息通知为宜。因为信息的起源与生物诞生的开始同时，生物为维持生存，不断从外部获取与周围环境相关的通知，进行识别、评价，并采取适应外部环境的行动。从而形成以下信息循环：生活主体→客体→通知→评价→选择行动→实现效用。

（四）信息是可以传递、处理的对象，是信息量的简称

上海辞书出版社出版的《经济大辞典·工业经济卷》将信息定义为：信息是英文 Information 的意译。在信息论中，指通过文字、数据或信号等形式来表现的、可以传递和处理的对象。利用信息可以反映出各事物之间的相互关系。管理科学从一定意义上可以看作是以研究处理信息为中心的科学。在加工处理之前，需要将初始信息转化为便于观察、传送和分析的资料（或信息符号），然后筛选分类，提取有用信息，过滤掉无用信息，再对有用信息进行压缩，提高质量，计算数据，供决策参考。同时，对那些不能再现或者变化幅度很大的信息，集中储存，以便事后分析。信息论中利用"熵"的概念，

对信息的量度提出了一种物理量，它反映信息的不确定度。例如，受信人原先认为材料价格可能会下跌，但得到的消息是跌价的概率很小，那么他认为消息给他的信息量很大；反之，如果跌价的概率很大，消息带给他的信息量就很小。设 H 代表消息中所含的平均信息量，$P_1, P_2, \cdots, P_n$ 分别代表消息中事件 $1, 2, \cdots, n$ 发生的概率。

二、信息的概念

信息是客观存在的，与生物的出现同时产生。过去，"信息"这个词主要是信息论学者、通信技术专家、计算机专家和数学家的专业词汇。现在，它已渗透到人类生活的各个方面，并引起人们的重视。那么，信息的概念是什么呢？从上述不同的定义中，可以概括如下：

（一）信息是客观存在的

信息与物质、能量是客观世界的三大要素。信息的客观存在表现在其无所不在，涉及范围广泛，存在于自然界、生物界、人类社会和人类思维中。

从自然信息来看，自然界中无机物与生物具有的信息就是自然信息，它们是自然界事物属性及其内外联系的表征。从无机物来看，化石保留了太古时代鱼类和植物的形状，其花纹提供了当时动植物种类和分布的信息；岩芯和砂样可提供某一地区地质构造和矿物储藏的信息。从生物界来看，植物瓜果的色、味、香、重是它们成熟与否的信息；含羞草的闭合是外界生物触及时的内外联系的表征；树木的年轮是其发育生长的信息。动物界与外界的接触是通过频繁的信息交换实现的，它们的每一举动都涉及与相关事物的信息联系和交换。了解自然信息的客观存在，可以有目的地开发自然资源，为人类造福；同时，大量有用的自然信息与资源有待人类去开发和利用。

人工信息是人类的社会信息，是人类根据物质运动的规律及客观事物的规律，利用一定的物质手段所收集、传递的有关信息。人类生活在信息的海洋中，人类在改造客观世界及人类自身的同时，既通过信息来认识事物和改造事物，又通过对信息的研究与运用，促进人类社会的繁荣与发展。

（二）信息是体现事物特征的普遍形式

信息是表征事物的，是体现事物特征的一种普遍形式。对于企业来说，信息是对资料的解释。资料指记录下来的、能够识别的符号、光、声、色、味、嗅觉、图像等，资料经过处理并赋予一定的意义后，都可以成为信息。

三、信息的产生与发展

通过对信息的研究，人们发现信息的起源与生物的出现是同时开始的。根据人类对信息的利用，信息的产生与发展可以划分为个体信息阶段、社会信息阶段和现代信息阶段。另外，也有人根据信息媒体与载体的发展所引发的社会变革，将其划分为语言、文字、印刷以及电信、电话、电视与电子计算机结合的四次信息革命。以下是对这些阶段的简要介绍。

（一）信息发展的三个阶段

1. 个体信息阶段

在人类的出现及其与自然的斗争中，人类不知不觉地自然地利用着信息。从我国来看，最早的信息储存形式是结绳记事和刻木记事；最早的古代信息传递方式是烽火台。据古书《易·系辞》记载，约在五千年前，人们就已经使用口头宣传的方式叫卖商品。

2. 社会信息阶段

随着人类对自然认识和改造的深入发展，以及社会从奴隶社会向封建社会的转变，信息的传递和利用也在不断发展。在商品交换中，出现了招牌、幌子、店面装饰等形式的广告；在政治服务方面，驿站传递公文成为重要的信息传递手段。我国古代夏、商、周三代用"誓"来告诫将士，战国时代用

"令"，秦代用"制"，汉代用"诏书"等来下达命令和公告臣民。同时，信息传输、处理和储存的形式与手段也在不断发展，隋唐时期出现了雕版印刷，北宋中期发明了活字印刷术，使信息的传递和储存进一步社会化，形成了社会信息。

3. 现代信息阶段

随着世界信息资源的爆炸性增长，信息技术的巨大变革以及信息产业的飞速发展，人类社会进入了信息时代。目前，信息传递手段呈现出多样化、迅速化、全球化和信息资源综合化的特点。当今世界的学科门类已超过两千多种；国际交易信息化；教育的普及使信息的传递和利用更加普及化、系统化、集中化。世界性的信息库与信息科学也得到了极大的发展。

（二）信息的四次革命

1. 语言革命

语言是随着人类自然发展过程而形成的自然语言。不同的民族有其独特的语言。语言已成为人类表达认识、观点，交换思想和感情的有效工具，成为一种特殊的社会现象。语言由语音、词汇和语法构成一定的系统，包括其书面形式——文字。语言还可以用符号表示，如灯号、旗号、暗号、电码等。

2. 文字革命

文字作为记录的符号，使语言和信息能够超越时间和空间的限制，并固定下来。文字与语言相结合，出现了人造语言，如数学语言（用 Z 代表和，用＋、－、×、＝、∵、∴等符号分别代表加、减、乘、除、等于、因为、所以）、数字语言（如 x、y、a、b 等），以及计算机语言和医疗语言等人造语言。由于自然语言结构不够严谨，容易造成误解，且重复率高，需要修辞，因此产生了计算机语言等人造语言。其特点是语言结构严密，用逻辑方法编写，重复率低。

3. 印刷革命

印刷术的发明带来了信息革命，使信息的传输量和质量大大提高。

4. 电子计算机通信革命

电子计算机通信革命的实质在于对人类智能劳动的替代与扩展。电子计算机信息的特点是逻辑性、预见性和选择性。随着集成电路等半导体技术的进步与发展，信息处理、传输和储存都发生了质的飞跃。人类社会也因此进入了信息时代。

第二节　信息的本质与属性

人类获取、积累和利用信息是认识和改造客观世界的必要过程之一。人类借助信息以获得知识、情报，消除知识与情报的不确定性，改变原来不知或知之甚少的状态。信息是维持人类社会生产活动、经济活动和社会活动的一种资源。人类要开发信息资源，必须对信息的本质与属性、特点作进一步了解。

一、信息的本质

信息的本质是物质的还是精神的？是第一性的还是第二性的？信息与物质、能量的关系是什么？

信息与材料、能量是物质世界三大要素。然而，物质与能量是客观实在的东西，而信息并不是一种固定实在的东西。信息源于物质和能量，但不是物质和能量本身；信息传递需要物质载体，信息不可能脱离物质而存在；获取信息要消耗能量，驾驭能量又需要信息。任何信息的发出、传递和接受都与一定的物质载体相关，同时伴随着能量的消耗。例如，从电视、广播、电话、电报中可以得到许多新鲜的信息，这些信息是以电磁波为载体，并在信息传递过程中不断地消耗能量。可见，信息不是物质，它是属于第二性的。信息不能由物质和能量代替。

如果从更普遍的意义上去理解信息的本质，则信息应看成物质的一种属性。信息一般反映物质和能量的形态、结构、状态和特征。如用仪器、仪表和传感器探测，则以各种代码、参数形式出现；而人类输出的信息，则以声音、动作、语言、文字、图表、图像等形式出现。不同事物的不同特征，就会给人们带来不同的信息：市场行情反映经济信息，科技市场及情报单位传输技术信息，遗传密码说明生物遗传信息，田园森林反映自然信息等。一般反映事物的静止状态，称为静态信息；对同一事物进行较长时间的观察，积累其变化状况，所获得数据、资料等叫动态信息。

信息可以为人类所感知，是人类与客观世界联系的中介。人类的脑力活动促使大脑发达，信息的收集和处理促使大脑更发达，有了发达的大脑，人类社会才能发展和进步。

二、信息的主要特点

根据上述信息的本质，用辩证唯物主义观点对信息进行分析，信息有以下基本特点：

（一）信息表征物质系统的有序性

任何事物或事物的系统，都在空间上具有互相联系的结构形式，在时间上具有变化发展的有序形式。信息是任何一个事物系统组织的程序及有序程度的标志。

自然界以及人类社会的一切物质系统都有一定的结构。不同的结构，就有不同的信息；结构决定信息，信息表征物质系统的有序性。一般地说，只要物质和能量在空间结构和时间顺序上出现了分布不均匀的情况，就会有信息产生。从企业生产活动看，一个车间、小组和工地如果不能按时、按质、按量、按定额完成生产任务，就会出现生产不正常，产生质量数量不合要求的有关信息。这是由于企业的生产过程是一个有机系统，它的有序性是由信息表征的。总之，单词的信息与字母排列顺序有关；人类语言组成的社会信息与词汇、语句的结构顺序有关；计算机的技术信息与所给的指令和程序有关。

（二）信息不遵守物质和能量的"守恒"定律

物质不灭定律和能量守恒定律认为，当物质和能量从一种形式转化成为另一种形式时，原有形式就减少了，但其总量不会改变。而信息不遵守这些定律。众所周知，同一信息，人人都可以共同使用享受，而信息不会减少；相同的信息，能够用不同的物质载体进行传递及传播；同一种物质，也可以携带、贮存不同的信息，信息本身却不会变化。例如，同一样新闻可用报纸、广播、电视或口头传达方式传播；同一样新闻，可被一个人或成千上万的人收听、收看，而所得的信息完全一样。可见，信息与客观世界同在，它是世界万物的表现形式或守恒。

（三）信息过程与人的认识过程具有相似性

从前面提到的信息循环来看，信息过程与人的认识过程是十分相似的。人们接触的事物即"客体"，客体可以类比为信息源；人的感官起到检测信息作用，感官产生的反应通过神经系统传给大脑，这个过程可类比作信息循环的"通知"，而神经系统就相当于信息传输系统的信道；人脑起着信息加工处理和指令的作用，人脑加工了信息并作出的判断，可类比为信息循环中的"评价"；判断后再通过神经系统把指令信息传给执行器官而产生相应的控制作用，可类比作信息循环的"选择行动"；大脑又相当于控制装置，执行信息反馈控制，可类比信息循环的"实施效用"，对认识及行动作出必要的反应及评价。

三、信息的属性

虽然，信息源于物质和能量，信息传递要载体，获取信息要消耗能量。信息是以光、声、电等能量为载体，是系统的反应。因此，能量、物质的某些基本特征在信息的自然属性中反映出来。同时，信息又具有社会性的特征，这是信息属性与能量不同之处。信息的自然属性有：

（一）信息是运动的

信息是在运动的。人类的一切生产和生活过程，都是物质流、能量流和信息流的组合过程。信息的载体光、声、电等都是以一定速度运动着的能量，信息也往往以同样的速度运动。运动着的信息可以在一定时间、一定空间、一定范围和程度内传播。人们有目的地发出、传播信息和接收信息，就是信息传输。对于自然信息和符号信息，人们可利用一定的物质载体如书刊、图片、电影、录音带、录像带加以收集、积累、保存。

（二）信息量与信息的容量

信息量指信息的大小，信息量是可以计算的。通信装置绝不只是传递一种信息；接受者获得的信息量，并不只是以个别消息决定的。以甲、乙两厂规定各自的驻外信息员向厂内发回的市场情况信息为例，甲厂规定按① 市场好；② 市场中；③ 市场不好发回信息。乙厂规定按① 市场好；② 市场不好发回信息。当两厂分别接到相同的市场信息："市场好"时，从直观看，乙厂获得的信息量大于甲厂，因为乙厂驻外信息员发来的消息可能数目大于甲厂。信息论为了从数量上计算这个信息量，用消息获得后、对原先消息出现的不确定性排除的程度来量度：消息集合中可能的数目越多，不确定性越大；收到的消息把这种不确定性排除越多，获得的信息量就越大。

信息容量指信息所表达的事物的深度和广度。人类为了传递信息的需要，创造了语言、文字、图像、图表等符号信息，符号信息的容量往往较大。

（三）信息的发射、接收的差异性

任何有目的的系统都具有信息的发射和接收的能力，但发射的信息或接收的信息的类别、容量、强度、保密度等，则因目的系统的特性、要求不同而异，并受系统的目的性的控制。从信息的发射看，以人们交往说话（发射声信息）为例，由于表达能力、交际涉外能力、措辞能力不同而异；而在什么场合、对什么对象说什么话，又要根据不同的目的和要求进行。

（四）信息的叠加、放大、缩小、干扰、失真、湮灭

信息的能量载体如光、声、电等都是以波动态体现的，即光波、声波、电波，波在传播中具有叠加、放大、缩小、干扰、失真、湮灭等属性，所以，信息也因而具有了这些属性。

（1）叠加。信息的叠加属性表现在许多不同的方面：数字的叠加表征事物的数量；文字的叠加创作出感人的文章；语言的叠加表示语气的加重；乐队演奏的合目的叠加使音乐更动人；颜料的合目的叠加构成美妙的图画等。

（2）放大、缩小。先从信息载体看，物体形象通过凸、凹镜，能产生放大或缩小的现象；扩音器能调节声音的强弱。

再从信息本身看，在从事新产品开发的创造中，对放大便可提出一系列的构思：放大多少？增加什么？更大频率？更强劲？更高、更长、更厚？附加些什么功能、成分？多重化？更夸大些？对缩小，也可提出一系列的构思：缩小些什么？更小？更浓缩？缩形？更低？更轻？更薄？省略一些？除减些？加以分解？更保守些？可见，放大与缩小，是信息的属性之一。

（3）干扰。干扰也是信息叠加的结果，一般把破坏信息传递的多余的叠加认为是干扰。信息干扰将在信息传输中详细介绍。

（4）失真。信息在传递过程中，由于干扰或由于通过某些介质面发生了畸变则称为失真。失真的信息是不准确的信息。

（5）湮灭。信息湮灭是由于能量消耗而形成的，表现为信息在传播过程

中逐渐减弱，减弱到无法为对方所接收到的程度便出现信息的湮灭。湮灭一般指信息发射后尚未达到接收方，便在中途消失的情况。

人类利用信息构成社会系统时，上面介绍的信息的自然属性不仅仍然存在，而且表现更为突出。同时，由于人类社会系统具有复杂的目的性，使信息的社会特性这一信息属性显得更为重要。

第三节　信息的特性

要开发信息资源，就应对信息的特性做进一步了解。信息的特征指信息特点的征象、标志；信息特性指信息特有的性质。人们可以从不同的角度探讨信息的特征或特性。认识信息固有的特性，并认识到信息及其提炼而成的知识和智慧是重要的资源，对指导企业和开辟未来将具有十分深远的意义。

在研究信息时，信息的特征大都描述为可识别、可转换、可储存、可传递、可处理、可再生及有效性和无效性；信息的特性则描述为活的、可扩充、可压缩、有替代能力、可传输、可扩散、可分享等特性。这些特征和特性中有许多是相似或相同的，可以作进一步合并。现用信息的特性将信息描述如下：

一、表征性

表征性是信息最基本的特性之一，物质及能量均不具备这一特征。信息能表征事物的属性、内在联系和含义。信息是事物的表征，一切事物的运动都产生信息，信息是表征事物状态、属性和运动特征的一种普遍形式。现代自然科学对信息的一般理解是，将信息视为物质和能量在空间和时间中分布的不均匀程度，而物质和能量又是伴随宇宙中一切事物的发展过程而发生变化的。因此，信息是事物的表征，它可以相对独立于某一具体事物，同一事物的思想内容可以用不同的物质形式表示，如宣传广告产品，可用报刊、广播、电视、表演操作等形式。

二、可传输性与可扩散性

信息的可传输性及可扩散性是信息的另一基本特征。信息的传输指信息的输入与输出，信息的扩散则由于传输渠道的多样化和迅速化、传输载体的可选性和适应性，使信息得以迅速扩散与渗透。

信息的传输类型有单向传输、相互传输；秘密传输、公开传输；有偿传输、无偿传输。传输的形式包括横向传输、纵向传输、网络化传输及扩散传输。传输载体及媒体在人与人之间可用语言、表情、动作；社会活动信息传输可用文件、报刊、书信、电话、电报、电视、广播等，电视广播通信卫星的出现可以使信息以光速高速传输。

人类社会的信息扩散是有目的的信息传输，使信息扩而散之、传而知之、广而告之，以达到不同的信息传递目的和要求。由于信息容易传播，通过这种传播使掌握信息的人越多，越有利于人类社会的发展和进步。但是，有些人不认识到信息的传输与扩散性，习惯于把一切当作物质并企图保密地禁锢信息，而信息是不受约束的，它总是伺机挣脱这种不自然的约束和束缚。

利用信息的可传输及扩散性为四化建设服务是十分必要的。在思想上，要重视信息的传输与扩散，让企业的职工及时掌握新的技术、知识和信息，都能接受新鲜事物和新鲜经验；在方法上，要搞好上情下达、下情上传，相互交流经验及思想认识；在策略上，重视信息传输扩散的策略性、有效性、灵活性、实用性和保密性；在要求上，逐渐实现信息传输扩散的合理化，传输方式的编码化，传递手段的电脑化，传输方法的规范化、制度化和结构化，逐步实现信息传输扩散的现代化。

三、可扩充性与可再生性

信息是可以扩充的，随着时间的变化和人们占有及使用信息的效能提高，信息的应用越来越广，用处越来越大，使绝大部分信息在运用过程中不断扩充。实质上，对一件事物或知识、情况，从不知到知，由表及里，从小到大，从片面到全面，从零乱到系统，从不成熟到成熟，运用过去的资料及经验，结合现在的情况去预测未来，就是信息的扩充及再生。

信息的扩充性往往表现为信息的可再生。人类通过对信息的收集、分析、处理、演绎、逻辑推理，可以产生再生信息；通过对信息处理用不同的语言、文字、图像、报表、密码等形式再生；运用电子计算机收集的信息则可用显示、打印、绘图等形式再生。

由于信息的可扩充性及可再生性的广泛利用，出现了许多行业，如科学研究、预测、技术转让、电脑软件行业以及有关出版、录音录像带的复制、广告和公共关系等行业。对中国企业来说，要善于利用信息的可扩充性及可再生性，辩证地处理好市场信息→市场调查→市场预测的关系，实现中央关于经济体制改革决定的要求：充分重视经济信息和预测，提高计划的科学性，汇集和传播经济信息。

四、可替代性与创造性

信息具有替代能力。信息的利用可以替代资本、劳动力和有形物质，其实质是由于利用信息而减少了它们的消耗或替代了它们的功能并创造出新事物。例如，机器人和自动化程序正在工厂和办公室里代替劳动力，并改造和提高劳动力的质量。

从一定意义上说，可替代性是信息的最重要特性。信息的可替代及创造性主要表现在替代、合成、组合、扬弃、转化等方面。

（一）替代

方法上的替代，如新方法代替旧方法，自制代替外购，外购代替自制；技术上工艺上的替代，冷加工代热加工（冷炖代锻），热加工代热加工（以铸代锻），冷加工代冷加工（挤压代切削），热加工代冷加工（氧割代钳）；物质上的替代，以塑代钢，以铝代铜；能源上的替代；物资采购及产品推销地点上的替代；产品结构上的替代，如集成电路代印刷电路等；零部件的替代，如元件、器件、基础件、仪表仪器之间的替代，等等。

（二）合成

合成既指由部分组成整体，如词的合成成为合成词、复合词等，也指通过化学反应使成分比较简单的物质变成成分比较复杂的物质，如合成橡胶、合成石油、合成纤维、合成树脂、合成染料等。合成就是创造。

（三）组合

信息组合、要素组合等是可再生性及创造性的另一个表现。

（四）扬弃

扬弃在哲学上指事物在新陈代谢过程中，发扬旧事物中的积极因素，抛弃旧事物中的消极因素。信息的替代过程，往往也遵循这一客观过程。

（五）转化

科学是生产力，科学作为人类认识自然的知识体系是潜在的生产力；科学转化为技术，就成为物质的生产力。随着技术的不断革新和改进，出现了新产品、新结构、新材料、新工艺、新能源，使信息成为组成生产力、决定生产力结构的主要方面；新的管理思想、管理技术、管理方法及经营结构的相互转化、渗透及替代，产生了新的经济效益。信息的可替代性使信息成为企业的最宝贵的资源和无形的财富。

五、可转换性与可处理性

信息是可以转换的，也是可以处理的。信息转换的形式是多种多样的，处理的方法也是多样的。

形态转换。信息可以从一种形态转换为另一种形态，如物质信息可以转换为语言、文字、数据、图像、报表等信息形式；也可以转换为计算机的代码；还可以转换为广播、电视、电信的信号以及通信中的密码、旗语、灯语、符号等。

信息载体的转换。信息可从光、电、声等能量载体转换为纸、磁带等物质载体；也可以由语言、文字、电磁波、电子计算机有关信号等信息载体，转换为报刊、书籍、电视、广播等。

语言转换。既可由自然语言的民族语言之间的转换，如国内汉、满、壮、回、蒙、维等语言之间的转换，国外英、法、日、俄、德等语言之间及其与中国语言的转换；人造语言与自然语言及其相互间的转换，如计算机语言、数学语言、医疗语言等的转换，并使人机对话能顺利进行。

数据信息的转换。数据是信息的另一种形式，数据间的转换可以变成新的信息，数据经过处理并赋以一定的意义可成为另一种信息；代码等数据形式可以转换为信号、文字、语言、图像等，而不同的信号、语言等又可以转换为代码。由于信息可以转换，所以，信息也是可处理的。

六、可浓缩性

信息经过处理可以浓缩成精练的、有用的、便于储存的信息。人们通过把大量资料压缩成一个方程式；可以把许多复杂的社会、自然现象总结成一定规律，把许多相关的事例总结为一条定理。同理，可以从总结了丰富实践经验的操作手册中汲取教益。

信息压缩的形式是多种多样的，科学上的规律、定理、定律、程序等，以及政策、方针、法律、法令、条例、规章制度等是常见的。对信息浓缩的手工处理方法有文摘、纪要、眉批、剪辑、总结、目录、索引，以及信息的数据化、图像化、报表化、账页化及手册化等。

七、可贮存性

信息是可以贮存的。动物贮存信息叫记忆；人脑的记忆系统分为长期记忆和短期记忆两部分；电子计算机的信息贮存也有两个组成部分，即内贮存器和外贮存器。录音、录像、全息摄影技术的发展，遥控技术的发展，更扩大了信息贮存的范围。

八、可分享性

信息在一定的时间、空间，在一定的程度和范围内可以分享，而不会被一个人或一个企业单位所永远占有。信息的分享不同于物质，它不能作转手交易，只能作分享交易。物质可以转手，它通过赠送者或出卖者失去而被受赠者或买入者得到；而信息却能够分享，信息的发布者或出卖者传播了信息，使对方获晓而本人仍占有，不会失去。

由于信息可分享，故信息是可以交换的，可以买卖的，从一定意义上说，是无磨损的。

信息的特征及特性是很多的。由于信息是活的，是人的观念的输入及输出。信息存在于人的头脑里，包括由人所观察到的、认识到的、记得的和回忆起来的，以及随而进行分析、直觉和归纳、演绎、推理所得到的东西。由于人们从不同角度、立场及不同的观点去认识信息，对信息的特征、特性的认识也是不同的。

我们把有关信息的特性归纳为八个基本特性，它们的关系既是相辅相成的，但又不是平列的。可以说，信息的可转换性及可处理性是它的核心，从这个核心出发，一方面，结合信息的表征性，去认识客观事物，研究客观事物；另一方面，结合信息的可扩充性及可再生性，更全面深入地探索大自然的奥秘，预测和开拓人类的未来。要开发信息资源，为四化建设服务，就必须抓住信息的关键特性——替代性，替代意味着创新，能抛开旧的、创造新的，推陈出新，永无止境，替代及创新，使人类得以不断发展，有所发现，有所发明，有所创造，有所前进。在有关的信息特性中，信息分享性是中心环节，不但信息的表征、替代、扩充、再生为了分享；信息的传输、扩散、转换、处理也是为了分享；信息的浓缩及贮存，也是为了今后的分享。要搞好信息分享，就应重视信息的分享，讲究信息分享的辩证法，不重视信息分享会造成国家、地区的闭塞落后；不发挥积极主动的精神去分享信息，就会在竞争中失败；而且在分享中，要"以我为主，博采众长，融合提炼，自成一家"。

第四节　信息的地位和作用

一、信息是企业经营的起点

经营是企业达到预期目标的活动总称。在社会主义经济体系中，企业的经营是在国家计划的指导下，依据和运用客观经济规律，最有效地利用企业资源和社会资源，根据社会需要和市场变化，从产品开发、制定价格、促进销售及销售渠道四个方面全方位地开展活动，不断提高经济效益，以满足人民日益增长的物质和文化需要。

既然经营是企业达到预期目标的活动总称，而企业目标本身即是一种信息。企业目标体系由众多指标、计划、标准、定额、要求构成；目标网络即是信息网络，纵向与横向目标、目标层级及其结构，均通过信息流来反映它们之间的关系和执行情况。唯有通过信息的传递和反馈，企业目标的执行才能被表证，领导者才能及时掌握目标执行的情况。

经营需最有效地利用资源。缺乏资源无法经营；要搞好经营，必须利用企业资源、社会资源以及与这些资源相关的信息。"巧妇难为无米之炊"，管理者再聪明，没有信息也难以开展经营。只有充分掌握国内资源及国际资源，同时掌握企业生产经营活动所需的相关情况、数据、科技知识，才能有效经营。

经营的核心是提高社会及企业的经济效益，通过一系列投入、转换、产出及其相关效率、效能、效用、效果和效益的信息，借助记录、核算、控制、统计、会计等反馈形式，持续提供给相关部门与工作岗位，使各部门和岗位得以将其与计划、指标、标准、定额、制度、方法等进行比较，从而使整个企业的经营活动信息化。

进一步从经营职能的发挥来看，信息亦是起点。经营包括六个主要职能：技术职能（生产、制造加工、科研和工艺）；营业职能（供应、销售、交换、劳务和服务）；财务职能（资金的筹措、调度与运用，盈利，生财，聚财与用财）；会计职能（成本核算、预算、统计）；安全职能（劳动保护，设备安全，环境保护及消防）；管理职能（计划、组织、指挥、控制、协调、教育、激励等）。这些职能的发挥，无一不依赖信息。以营业职能为例：要有效组织企业生产经营所需的物资供应，必须掌握有关品种、规格、质量、数量、定价、供应地点、厂家、供应时间及运输路线、方法和成本等信息，才能按质、按量、按时、经济合理且齐全配套地供应物资。在销售过程中，只有在掌握社会需求、市场供求、顾客心理、竞争环境等信息的基础上，才能以适销对路的产品、有竞争力的价格、最佳的推销方法及分销渠道，将产品销售到最适合的市场和用户。交换和提供劳务、服务是一种特殊的营业方式，同样需要事先了解对方对劳务、服务的需求，以及要交换商品的相关信息，才能相应地做好经营管理工作。以此类推，其他经营职能的发挥，都将信息置于起点的地位。

二、信息是预测的基础

预测是基于现有的科学知识，通过对过去的历史数据和情况的综合分析，结合当前的客观环境和主观条件，运用定性和定量的方法和技术进行科学判断，以探索事物未来的发展趋势和相关关系。预测过程是从"过去"→"现在"→"未来"的全过程。在这个过程中，信息是基础：过去的数据和资料是历史信息；现有的科学知识是知识性信息；当前的主客观环境和条件是现实信息，包括有意义的情报、专门情报和新生情报。在这些信息的基础上进行预测，同时，预测的原理、方法和技术也是基础信息。预测过程中进行的因果相关分析、时间序列变动趋势分析、交叉影响分析等所得到的预测性情报和二次情报也是信息。预测是一门科学，是信息化与最优化的产物。如果没有信息的基础，预测就无法进行，无法进行分析、演绎及逻辑推理。

三、信息是决策的前提

决策必须以信息为前提。一方面，决策建立在预测的基础上，需要有效的预测信息；另一方面，直接信息也是决策所需。毛泽东同志曾说："指挥员的正确部署来源于正确的决心，正确的决心来源于正确的判断，正确的判断来源于周到的侦察和对于各种侦察材料的连贯起来的思索。指挥员用一切可能和必要的侦察手段，将侦察得来的敌方情况和各种材料加以去粗取精、去伪存真、由此及彼、由表及里地思索，然后将自己方面的情况加上去，研究双方的对比和相互关系，因而构成判断，定下决心，作出计划。"这明确阐述了决策与信息的关系：正确的判断来源于周到的侦察和对各种侦察材料的综合思考。

信息对于企业的经营决策至关重要。善于决策的企业领导者通常是善于利用信息的人。他们注重信息的先行，用准确、迅速的信息指导生产、供应和销售。众所周知，市场变化迅速，尤其是随着人民生活水平的提高和消费心理的变化，市场需求变化更快。可以说，谁先掌握了信息，谁先预见到市场的变化，谁就掌握了经营的主动权。

四、信息是管理的有机组成部分

信息与管理的关系极为密切。信息是管理的耳目，只有眼观六路、耳听八方、高瞻远瞩、审时度势，才能保证企业经营管理的正常进行。

信息系统是整个管理系统的一个有机组成部分，可以比喻为管理的神经系统。通过这个神经网络，管理才能接触、感知、了解和掌握各方面的状况。当然，信息系统不仅了解企业内部情况，还能收集、了解和判断外部环境和市场变化，满足管理系统的需要。

管理主要有五项职能：计划、组织、控制、指挥和协调。发挥这些职能的作用，无一不以信息为基础，并使信息成为管理的有机组成部分。

以计划与信息为例：计划是组织、指导、监督企业生产经营活动的管理方法。从企业系统来看，计划本身是企业信息流的一种形式；企业的计划体系和指标体系由多层次、多结构的信息组成。以经营型企业的经营计划体系为例，按时间结构有长期、中期和短期计划，短期计划又可分为年、季、月、旬、日计划；按空间结构有企业或公司计划、联产联营联销企业计划，以及门市部或经理部计划、分支机构计划，企业计划又可细分为厂部、车间、工段或班组计划；按内容结构有生产、供应、销售、劳动人事教育、设备、工具、安全、环保、技术、资金、成本、财务，以及新产品试制、企业改造等计划。这些计划本身就是信息，形成纵横交错的经营计划体系及信息体系，通过信息流进行组织、指导和控制。企业的指标体系也是一项系统工程，包括计划指标体系、市场指标体系、技术经济指标体系、经济责任制的核算指标体系等，这些体系之间的计划、组织、协调，依赖于各自相关的信息及信息反馈进行管理。计划信息和指标信息已成为管理的有机组成部分。

五、信息是控制的工具

信息与控制紧密相关。在企业建立合理、有效、文明的生产秩序和工作秩序中，信息成为重要的控制工具，并日益受到重视。企业生产经营活动过程中的控制，有些本身就是信息，有些则需要通过信息来表征。

六、信息是企业的资源

企业资源包括企业内部资源和社会资源。信息是企业的重要资源，并在企业的生产经营活动中发挥着重要作用。

（一）企业内部资源与信息

企业内部资源通常包括：

1. 人力资源

包括职工的素质和能力、体力、思想意识、技术技能、业务水平，以及士气或创造性等。

2. 财力资源

不仅包括固定资产和流动资金，还涉及资金筹措、运用、周转、创汇、投资效益等方面。

3. 物力资源

包括原材料、辅助材料、设备、工具、仪器、仪表、产成品、半成品、协作件，以及能源和资源的稳定来源。

4. 空间资源

包括厂房以及联产、联营、联销的场地。

5. 方法资源

即先进的经营管理方法和技术。

6. 信息与情报

信息具有表征性，不同的物质和事物通过不同的特征（如声波、电磁波、色彩、图像、味道等）发出指令、情报、消息、数据、信号等。企业内部资源通过信息进行表征和传递。无论是引进或发明一项科技成果，还是推广和创造一种新的管理方法或经营策略，其效益往往是巨大的。

（二）企业外部资源与信息

企业生存于经济环境中，并与外界环境及其相关因素进行信息、能量和物质的交换与互动。企业不仅要善于利用内部资源，还必须善于利用外部资源，以实现内外资源的最有效利用。企业外部资源包括以下几点。

1. 按地区分类

国内资源和国外资源。

2. 按纵向结构或时间结构分类

包括历史资料、"现在"的信息以及"未来"的预测。当今世界范围内的新技术革命及其对策也是信息。

3. 按内容或横向结构分类

包括自然环境资源、科学技术资源、社会结构资源、经济结构资源和文化艺术资源等。

以上几点都表明，信息在企业经营管理中具有非常重要的作用。信息的重要性将随着商品经济的发展越来越被企业家所认识。

第二章　信息管理概述

随着以计算机技术、通信技术、网络技术为代表的现代信息技术的飞速发展，人类社会正从工业时代阔步迈向信息时代，人们越来越重视信息技术对传统产业的改造以及对信息资源的开发和利用，"信息化"已成为一个国家经济和社会发展的关键环节，信息化水平的高低已经成为衡量一个国家、一个地区现代化水平和综合国力的重要标志。

第一节　信息与信息管理

一、信息

信息（Information）是经过加工处理之后的一种数据形式，是一种有次序的符号排列，是关于客观事实的可通信的知识。

（1）信息是客观世界各种事物特征的反映。客观世界中任何事物都在不停地运动和变化，呈现出不同的特征。这些特征包括事物的有关属性、状态，如时间、地点、程度和方式等。

（2）信息是可以通信的。信息是构成事物联系的基础。由于人们通过感官直接获得周围的信息极为有限，因此，大量的信息需要通过传输工具获得。

（3）信息形成知识。所谓知识，就是反映各种事物的信息进入人们大脑，对神经细胞产生作用后留下的痕迹，人们正是通过获得信息来认识事物、区别事物和改造世界的。

信息和数据是相互联系、密不可分，同时又是各不相同的。数据（DATA，又称资料）是对客观事物记录下来的，包含诸如性质、形态、数量等可以鉴别的抽象符号。这些符号不仅指数字，而且包括字符、文字、图形等。数据经过处理仍然是数据。处理数据是为了便于更好地解释。只有经过解释，数据才有意义，才成为信息。可以说，信息是经过加工以后，并对客观世界产生影响的数据。

同一数据，每个人的解释可能不同，其对决策的影响可能不同。决策者利用经过处理的数据作出决策，可能取得成功，也可能得到相反的结果，这里的关键在于对数据的解释是否正确；因为不同的解释往往来自不同的背景和目的。

信息可以从不同角度分类。按照管理的层次可以分为战略信息、战术信息和作业信息；按照应用领域可以分为管理信息、社会信息、科技信息等；按照加工顺序可分为一次信息、二次信息和三次信息等；按照反映形式可分为数字信息、图像信息和声音信息等。

信息具有的特性包括事实性、时效性、不完全性、等级性、变换性和价值性。

二、信息化

组织信息化是应用信息技术（包括先进的计算机、通信、互联网和软件等技术和产品），充分、有效地开发和利用各种信息资源，使组织和员工实现信息资源共享，减少信息交易成本，提升组织管理能力，提高组织和个人工作效率，不断提高组织的决策能力和核心竞争力的过程。信息化是一个长期的、复杂的过程。

信息化的范围广泛，包括经济、军事、社会生活、科技文化等各个领域，其核心是建设信息基础设施。信息基础设施是由通信网络、计算机、数据库、日用电子设备及服务人员组成的完备网络，能随时为用户提供大量的信息。它一般包括六个组成部分：

（1）信息网络：这是一个互联的网络，能与各种公用网和专用网互操作，能传递数据、声音、图像等多种形式的信息。

（2）信息设备：包括各种计算机及外围设备、传输设备等。

（3）信息资源：指信息及其载体，包括各种数据库、图书、资料、视像与音频磁带、光盘等。它具有综合处理能力，帮助用户检索、查询。

（4）信息人员：包括提供信息与服务的专业人员，以及使用信息的各种用户。

（5）应用信息系统：提供各种服务的系统，使用户能处理和使用提供给用户的各种信息。

（6）信息管理：包括有关的管理机构，相应的法规、制度、协议、标准等。

信息化不仅仅是计算机化、网络化，更是信息资源的开发、利用、管理的多方面工作的相互配合，人是信息活动的主体，是信息化中最积极、最活跃的因素。

三、信息管理

信息管理是指在整个管理过程中，综合应用现代信息技术和管理技术，对信息涉及的各个要素（信息、技术、人员、设备、资金、规范、机构等）进行计划、组织、协调和控制，以确保信息的有效利用，满足各类需要。信息管理包括信息收集、信息传输、信息加工、信息储存、信息维护和信息使用等过程。

信息收集就是对原始信息的识别和获取。包括自下而上的广泛收集、有目的地进行专项收集和采用随机积累法。

信息传输是信息在时间和空间上的转移，因为信息只有及时准确地送到需要者的手中才能发挥作用。

信息加工包括信息形式的变换和信息内容的处理。信息的形式变换是指在信息传输过程中，通过变换载体，使信息准确地传输给接收者。信息的内容处理是指对原始信息进行加工整理，深入揭示信息的内容。经过信息内容的处理，输入的信息才能变成所需要的信息，才能被适时有效地利用。从简单的查询、排序、归并到复杂的模型调试与预测。

信息存储是指信息送到使用者手中后，有的并非一次性使用完就无用了，有的还需留作以后的参考和保留。通过信息的储存可以从中揭示出规律性的东西，也可以重复使用。

信息维护是指保持信息处于可用状态，是通过对信息的更新、调整来确保信息的准确性、及时性、安全性和保密性。

信息使用是信息管理的目的，是高速度和高质量地为用户提供信息。提供的信息符合使用者的习惯，以实现信息价值的转化，提高工作效率，有效进行管理控制和辅助管理决策。

信息管理的有效性是基于完善的信息管理制度。为了保障信息管理系统的有效运转，必须建立一整套信息管理制度，作为信息工作的章程和准则，使信息管理规范化。建立完善的信息管理制度主要包括以下几个方面：

（1）建立原始信息收集制度。一切与组织活动有关的信息，都应准确无遗漏地收集。为此，要建立相应的制度，安排专人或设立专门的机构从事原始信息收集的工作。在组织信息管理中，要对工作成绩突出的单位和个人给予必要的奖励，对那些因不负责任造成信息延误和失真，或者出于某种目的胡编乱造、提供假数据的人，要给予必要的处罚。

（2）规定信息渠道。在信息管理中，要明确规定上下级之间纵向的信息通道，同时也要明确规定同级之间横向的信息通道。建立必要的制度，明确各单位、各部门在对外提供信息方面的职责和义务，在组织内部进行合理的分工，避免重复采集和收集信息。

（3）提高信息的利用率。信息的利用率指有效信息占全部原始信息的百分比。这个百分比越高，说明信息工作的成效越大。因此，必须加强信息处理机构和提高信息工作人员的业务水平，健全信息管理体系，通过专门的训练，使信息工作人员具有识别信息的能力。同时，必须重视用科学的定量分析方法，从大量数据中找出规律，提高科学管理水平，使信息充分发挥作用。

（4）建立灵敏的信息反馈系统。信息反馈是指及时发现计划和决策执行中的偏差，并对组织进行有效的控制和调节。如果对执行中出现的偏差反应迟钝，在造成较大失误之后才发现，这样就会给工作带来损失。因此，组织必须把管理中的追踪检查、监督和反馈摆在重要地位，严格规定监督反馈制度，定期对各种数据、信息进行深入分析，通过多种渠道，建立快速而灵敏的信息反馈系统。

第二节　信息管理系统

一、系统

系统是由处于一定的环境中相互联系和相互作用的若干组成部分结合而成，并为达到整体目的而存在的集合。系统必须在环境中运转，不能孤立存在。

系统按其组成可分为自然系统、人造系统和复合系统三大类。自然系统是自然形成的，如血液循环系统、生态系统等。人造系统是指人类为了达到某种目的而对一系列要素作出有规律的安排，使之成为一个相关联的整体。例如，计算机系统、生产系统和运输系统等。实际上，大多数系统属于自然系统和人造系统相结合的复合系统，而且许多系统有人参与，是人机系统。例如，信息系统看起来是一个人造系统，但是它的建立、运行和发展往往不以设计者的意志为转移，而有其内在规律，特别是与开发和使用信息系统的人的行为有紧密的联系。了解自然系统的运行规律及人与自然系统的关系是建立和发展信息系统的关键。

系统的特征包括集合性、目的性、相关性、环境适应性等。

二、信息系统

信息系统是一个人造系统，由人、硬件、软件和数据资源组成，目的是及时、准确地收集、加工、存储、传递和提供信息，实现组织中各项活动的管理、调节和控制。

信息系统包括信息处理系统和信息传输系统两个方面。信息处理系统对数据进行处理，使其获得新的结构与形态或产生新的数据。例如，计算机系统就是一种信息处理系统，通过它对输入数据的处理可获得不同形态的新的数据。信息传输系统不改变信息本身的内容，作用是把信息从一处传到另一处。由于信息的作用只有在广泛交流中才能充分发挥出来，因此，通信技术的进步极大地促进了信息系统的发展。

广义的信息系统概念已经延伸到与通信系统相等同。这里的"通信"不仅指通讯，而且意味着人际交流和人际沟通，其中包括思想的沟通、价值观的沟通和文化的沟通。广义的信息系统强调"人"本身不仅是一个重要的沟通工具，还是信息意义的阐释者：所有的沟通媒介均需使信息最终可为人类五官察觉与阐释，才算是信息沟通媒介。

信息系统的类型包括作业信息系统和管理信息系统两大类。其中，作业信息系统包含了业务处理系统、过程控制系统、办公自动化系统等；管理信息系统包括了信息报告系统、决策支持系统、经理信息系统等。

三、管理信息系统

管理信息系统是对一个组织进行全面管理的人和计算机相结合的系统，采用以计算机为主的技术设备，通过自动化通信网络与各种信息终端连接，利用完善的通信网络沟通各方面的联系，以保证迅速、准确、及时地收集情况和下达命令。它综合运用计算机技术、网络技术、管理技术和决策技术，与现代化的管理思想、方法和手段结合起来，辅助管理人员进行管理和决策。

随着科学技术特别是信息工程、计算机技术等高科技技术的飞速发展和普及，组织要求信息处理的数量越来越大，速度越来越快。为了让管理者及时掌握准确、可靠的信息，以及执行之后获取真实的反馈，必须建立一个功能齐全和高效率的信息管理系统。

管理信息系统对信息管理的要求有两点：及时和准确。及时，就是信息管理系统要灵敏、迅速地发现和提供管理活动所需要的信息。准确，指信息的精确性，只有准确的信息才能使决策者做出正确的判断。

管理信息系统不仅是一个技术系统，而且同时又是一个社会系统，其特点表现在以下几点。

（1）面向管理决策。管理信息系统是继管理学的思想方法、管理与决策的行为理论之后的一个重要发展，它是一个为管理决策服务的信息系统，必须能够根据管理的需要，及时提供所需信息，帮助决策者作出决策。

（2）综合性。从广义上说，管理信息系统是一个对组织进行全面管理的综合系统。一个组织在建设管理信息系统时，可根据需要逐步应用个别领域的子系统，然后进行综合，最终达到应用管理信息系统进行综合管理的目标。管理信息系统的综合意义在于产生更高层次的管理信息，为管理决策服务。

（3）人机系统。管理信息系统的目的在于辅助决策，而决策只能由人来做，因此，管理信息系统必然是一个人机结合的系统。在管理信息系统中，各级管理人员既是系统的使用者，又是系统的组成部分，因此，在管理信息系统开发过程中，要根据这一特点，正确界定人和计算机在系统中的地位和作用，充分发挥人和计算机各自的长处，使系统整体性能达到最优。

（4）现代管理方法和手段相结合的系统。人们在管理信息系统应用的实践中发现，只简单地采用计算机技术提高处理速度，而不采用先进的管理方法，管理信息系统的应用仅仅是用计算机系统仿真原手工管理系统，充其量只是减轻了管理人员的劳动，其作用的发挥十分有限。管理信息系统要发挥其在管理中的作用，就必须与先进的管理手段和方法结合起来，在开发管理信息系统时，融入现代化的管理思想和方法。

（5）多学科交叉的边缘科学。管理信息系统作为一门新的学科，产生较晚，其理论体系尚处于发展和完善的过程中。早期的研究者从计算机科学与技术、应用数学、管理理论、决策理论、运筹学等相关学科中抽取相应的理论，构成管理信息系统的理论基础，从而形成一个有着鲜明特色的边缘科学。

四、管理信息系统的整体框架

管理信息系统并不是与一个组织的其他信息系统相分离的特殊实体，它是组织信息系统的核心，贯穿于组织管理的全过程，同时又覆盖了管理业务的各个层面，因此其结构也必然是一个包含各种子系统的广泛结构。

管理信息系统的框架结构按照使用信息的组织职能加以描述。系统所涉及的各职能部门都有着自己特殊的信息需求，需要专门设计相应的功能子系统，以支持其管理决策活动。同时，各职能部门之间存在着各种信息联系，从而使各个功能子系统构成一个有机结合的整体，管理信息系统正是完成信息处理的各功能子系统的综合。

对于制造企业，典型的功能组成包括生产、销售和市场、财务和会计、后勤、人事等。顶层管理也可以视为一种独立的功能。每个功能子系统负责完成与其功能相关的全部信息处理任务，包括业务处理、运行控制、管理控制和战略管理。因此，按照管理职能划分，管理信息系统可以由以下子系统构成：

（一）销售与市场子系统

销售与市场功能通常包括产品的销售、推销及售后服务的全部活动。业务处理包括销售订单和推销订单的处理。运行控制活动包括雇佣和培训销售人员、编制销售计划和推销工作的各项任务，并按区域、产品、顾客的销售量定期进行分析。管理控制涉及将总成果与市场计划进行比较，使用的数据包括客户、竞争者、竞争产品及销售力量的数据。在战略管理方面，包括新市场的开拓和市场战略，所需信息有客户分析、竞争者分析、客户调查信息、收入预测及技术预测等。

（二）生产子系统

生产子系统的功能包括产品的设计与制造、生产设备计划、作业调度与运行、生产工人的录用与培训、质量控制与检验等。生产子系统中的典型业务处理包括生产指令、装配单、成品单、废品单和工时单的处理。运行控制要求将实际进度与计划进行比较，找出瓶颈环节。管理控制需要概括性报告，反映进度计划、单位成本、所用工时等项目在整个计划中的绩效变动情况。战略管理包括制造方法和各种自动化方案的选择。

（三）物资供应子系统

物资供应子系统包括采购、收货、库存控制、发放等管理活动。业务处理数据包括购货申请、购货订单、加工单、收货报告、库存票、提货单等。运行控制要求将物资供应情况与计划进行比较，产生库存水平、采购成本、出库项目和库存营业额等分析报告。管理控制信息包括计划库存与实际库存的比较、外购项目的成本、缺货情况及库存周转率等。战略管理主要涉及新的物资供应战略、对供应商的新政策以及"自制与外购"的比较分析等，此外，还包括新供应方案、新技术等信息。

（四）财务和会计子系统

财务和会计虽然目标和工作内容不同，但它们之间有着密切的联系。财务的职责是在尽可能低的成本下，保证组织的资金运转，包括托收管理、现金管理和资金筹措等。会计则负责将财务工作分类、编制标准财务报表、制定预算及对成本数据的分类与分析。管理控制报告的输入数据包括预算和成本，会计为各管理控制功能提供输入信息。与财务相关的业务处理包括赊欠申请、销售发票、收账凭证、支付凭证、支票、转账传票、分类账和股份转让等。运行控制使用日报表、例外情况报告、延误处理记录、未处理事项报告等。管理控制利用财务资源成本、会计数据处理成本及差错率等信息。战略管理包括保证足够资金的长期战略计划、减少税收冲击的长期税收会计政策以及对成本会计和预算系统的计划等。

（五）人事子系统

人事子系统包括人员的录用、培训、考核记录、工资和终止聘用等。业务处理要产生有关聘用条件、培训说明、人员的基本情况数据、工资变化、工时、福利及终止聘用通知等内容。运行控制层负责完成聘用、培训、终止聘用、改变工资和发放福利等任务。管理控制主要进行实际情况与计划比较，产生各种报告和分析结果，用以说明在岗工人的数量、招工费用、技术专长的构成、应付工资、工资率分配及是否符合政府就业政策等。人事战略计划包括对招工、工资、培训、福利，以及各种策略方案的评价，确保组织能获得完成战略目标所需的人力资源。战略管理还包括对就业制度、教育情况、地区工资率的变化及对聘用和留用人员的分析。

（六）高层管理子系统

每个组织都有一个最高领导层，如公司总经理和各职能领域的副总经理组成的委员会。高层管理子系统为高层领导服务，其业务处理活动主要是信息的查询和决策支持，处理的文件常常是信函和备忘录以及高层领导向各职能部门发送的指示等。运行控制层主要是会议安排、信函管理和会晤记录文档。管理控制层要求各功能子系统执行计划的当前综合报告情况。最高层的战略管理活动包括组织的经营方针和必要的资源计划等，要求综合外部和内部的信息。这里的外部信息可能包括竞争者信息、区域经济指数、顾客偏好、提供服务的质量等。

（七）信息处理子系统

信息处理子系统的作用是保证各职能部门获得必要的信息资源和信息处理服务。该子系统的典型业务处理包括工作请求、采集数据、改变数据的请求、软硬件情况的报告以及设计方面的建议。信息处理的运行控制包括日常任务的调度、差错率和设备故障信息等。对于新项目的开发，还需关注程序员的工作进展情况和调试时间的安排。管理控制层对计划情况和实际情况进行比较，如设备费用、程序员的能力、项目开发的实施计划等情况的比较。战略管理层则主要关心功能的组织，如采用集中式还是分散式，信息系统的总体规划，硬件和软件的总体结构等。

第三节　信息管理系统的整合

一、信息管理系统整合的概念

所谓整合，是指将一些零散或分散的资源通过重新组合和利用，以达到充分利用资源的目的。系统整合是指将组织内部的信息管理系统进行重组和利用，以实现系统之间的协同，提高信息的统一性和有效性。

随着组织信息化的不断深入，信息管理系统的类型越来越多，典型的系统包括 ERP（企业资源计划）、CRM（客户关系管理）、SCM（供应链管理）、KM（知识管理）、EIP（企业信息门户）、BI（商业智能）等。同时，参与开发和提供产品服务的可能是多家公司，这导致很多信息系统建成以后都在自己的领域内独立运转，形成了众多的信息孤岛。系统整合实际上起到了梳理和协同组织内部的各种信息管理系统的作用。信息系统建设主要集中在生产过程自动化和管理信息化上，解决具体工作人员日常工作电子化的问题，很少进行经营决策信息系统和战略决策信息系统的建设。信息系统不能有效管理零散信息，不能使信息系统间协同工作，不能综合利用组织的数据资源，不能有效组织信息资源。诸如此类的问题，在信息化的建设中屡见不鲜。因此，系统整合就是要解决这些问题。

二、系统整合的价值

（1）实现组织内部各个不同功能分系统之间的连接与整合。即使在信息化建设做了很科学的总体规划的组织里，实施的信息系统也可能存在功能重叠、漏缺和互不连接的情况。通过利用现有的系统产生的数据进行整合，可以实现组织内部各个不同功能分系统之间的连接与整合。

（2）实现联合组织内部相同功能分系统之间的连接与整合。大型的跨区域的各类组织可以利用信息化手段来加强和统一组织的管理。从业务统一管理的模式需求出发，在对现有各组织的系统进行取舍的同时，通过系统的整合实现内部相同功能分系统之间的连接与整合。

（3）实现系统的协调、完整及规范性，减少重复工作，提高效率。系统整合解决了多个系统之间功能重复的问题，功能漏缺的问题，数据重复且格式不同的问题，原始数据多个部门重复手工录入的问题，实现了系统的协调、完整及规范性，减少不必要的重复录入与处理工作，提高工作效率。

（4）实现管理模式的复制，管理思想的传递。一方面，可以实现跨区域的信息传输，解决管理及时性的问题。另一方面，融合一种管理模式，传递一种管理思想，实现管理上的上下一致，以保持组织的管理效率。

（5）实现组织信息化投资回报率与成功率的提高。通过系统整合来解决管理的现实需要，相对于新投资实施新的信息系统，风险更小，投资相对也会少一些。因此，应当考虑通过系统的整合，来实现组织信息化投资回报率和成功率的提高。

三、系统整合的实施要点

（一）组织信息化总体规划

使各个应用协调一致，是组织信息系统整合的最初工作。因此，进行系统整合，将各类组织应用进行有效梳理和协同，首先要做好信息化建设的系统规划。

（二）建立办公自动化平台

办公自动化平台提供员工间信息传送和个人网络办公的工具，包括公文流转、电子邮件、任务派发、会议管理、网络短信、事务提醒、日程管理、计划管理等。应当来说，办公自动化平台和各个业务信息系统是能够实现文档级数据的传输，我们经常会将一种业务信息系统处理的各种输出报表输出，并放在自动化的办公平台上，这些工作是手工的多一些。这应当说是最初级的信息系统整合。

（三）建立办公协同平台

办公协同平台是基于办公自动化平台之上，附加相应更深的业务管理的一种方式。对于业务信息系统处理的文档级集成，我们通过建立业务管理文档级集成平台来实现，该平台要能提供对非结构化信息和部分结构化信息的管理功能。协同办公平台，其对信息的处理仍然基于文档级处理，因此我们称这种系统的整合方式仍然是初级的。

（四）建立企业门户平台

企业门户平台是指在互联网（Internet）的环境下，把各种应用系统、数据资源和互联网资源统一集成到通用门户之下，根据每个用户使用特点和角色的不同，形成个性化的应用界面，并通过对事件和消息的处理传输把用户有机地联系在一起。简单地说，门户平台为特定的用户用高度个性化的方式，交互访问相关信息、应用软件以及商业流程的软件平台。

通过建立企业门户平台，组织各种结构化、非结构化的信息内容和应用系统页面，为各级领导、各个主要业务人员和组织的客户群体等不同的信息受众，提供了统一的信息访问渠道，统一的界面和规范的操作方式，获取不同权限的信息内容。这一点是建立企业门户平台的主要模式。

（五）建立数据整合平台

数据整合就是对分散异构的多数据源实现统一的访问，实时地、智能地将有价值的数据传递给分析系统或其他应用系统进行信息的进一步加工。构建数据整合平台，目的是从不同的应用程序和数据结构提取数据源，并完成在线转换和分析。

构建数据平台是构建具有流畅数据处理功能的企业门户平台的基础，两者的紧密集成，可以实现全面、统一的权限管理和灵活的报表调用、分析，数据的深层次挖掘功能才能在组织的门户平台中实现。因此，要实现信息系统的整合，进行数据级的整合是一切整合的基础。

（六）进行应用集成

构建应用集成平台，为不同的应用系统互通提供了基于工作流引擎的统一可靠的实时消息通信平台，突破了横贯于异构不兼容应用或数据库之间的障碍，通过消息和智能路由机制实现异构应用之间的松散耦合。支持 Web Service、XMI/HTTP、EJB、RMI、JMS、IBM MQ 等接口，实现应用系统在统一工作流下的协同工作。组织应用集成平台提供多种可供选择的通信模式，实现同步的消息传送，以及多种消息传送质量的保证。

应用集成是系统整合中，将现有信息系统最大化保留，同时对业务需求信息最大整合的最佳模式，相对来讲，这种信息的整合是专业水平较高的整合。应用集成的实现需要很多的基础，其难度比较高。

总之，对现有信息系统整合的要点与方式，首先做好总体规划，对于信息化建设基础比较薄弱的组织，可以选择从初级的办公自动化平台开始，逐步到协同办公平台的建立，逐步进行初期的系统整合。对于信息化建设基础比较好的组织，可以选择通过企业门户平台的建设，进行进一步的系统整合，而对于信息系统已经相当完善的组织，可以考虑通过数据整合平台的建立和应用集成，实现对整个信息系统的整合与优化。

第四节 SOA（面向服务的架构）

一、SOA 的概念

SOA（Service Oriented Architecture）即面向服务架构，是一种组件模型，它将应用程序的不同功能单元（称为服务）通过这些服务之间定义良好的接口和契约联系起来。接口采用中立的方式进行定义，独立于实现服务的硬件平台、操作系统和编程语言，使得构建在各种系统中的服务能够以统一和通用的方式进行交互。SOA 的出现使得业务 IT 系统更加灵活，能够更好地适应业务变化。通过强定义的关系和灵活的实现，IT 系统既可以利用现有系统的功能，又能在未来进行必要的调整以满足交互需求。SOA 对整个企业级软件架构设计产生了深远的影响。

SOA 是一种在计算环境下设计、开发、应用、管理分散逻辑（服务）单元的规范，因此具有广泛的应用性。SOA 要求开发者从服务集成的角度设计应用软件，尽管这种做法的长期利益可能不会立即显现。开发者不仅要考虑现有服务，还要考虑如何使服务可被重用，并鼓励使用替代的技术和方法（如消息机制），通过连接服务而非编写新代码来构建应用。经过适当的架构设计，消息机制的应用允许公司仅通过调整服务模式而非重新开发新的代码，从而在商业环境允许的时间内快速响应市场变化。

SOA 不仅仅是一种开发方法论，还包括管理。例如，应用 SOA 后，管理者可以方便地管理搭建在服务平台上的组织应用，而非单一的应用模块。通过分析服务之间的相互调用，SOA 使公司管理人员能够获取何时、为何以及哪些商业逻辑被执行的数据信息，帮助组织管理人员或应用架构师迭代地优化业务流程和应用系统。

SOA 的核心思想是使组织应用摆脱面向技术的解决方案的束缚，轻松应对商业服务的变化和发展需求。在组织 IT 架构环境中，单个应用程序无法完全满足业务用户的多样化需求，即使是大型 ERP 解决方案也无法填补这一不断膨胀和变化的缺口。通过将注意力集中在服务上，应用程序能够提供更丰富、更具目的性的商业流程。基于 SOA 的组织应用系统通常能更真实地反映业务模型的结合。服务从业务流程的角度看待技术，这与从技术驱动的商业视角相反。服务的优势在于它们与业务流程紧密结合，能够更精确地表示业务模型，更好地支持业务流程。相比之下，以应用程序为中心的组织应用模型限制了业务用户的能力，使其局限于应用程序的功能。

二、SOA 的三大基本特征

（一）独立的功能实体

在互联网这样松散的环境中，任何访问请求都可能出错，因此任何通过互联网进行控制的结构都会面临稳定性问题。SOA 强调架构中提供服务的功能实体的完全独立自主能力，以及实体的自我管理和恢复能力。常见的技术如事务处理、消息队列、冗余部署和集群系统在 SOA 中起到至关重要的作用。

（二）大数据量低频率访问

对于传统的分布式计算模型如.NET、EJB、XML-RPC 等，服务提供通过函数调用的方式进行，一个功能的完成通常需要多次客户端和服务器之间的交互。在 Intranet 环境中，这些交互对系统响应速度和稳定性的影响可以忽略不计，但在互联网环境中，这些因素往往是决定系统能否正常工作的关键。因此，SOA 系统推荐采用大数据量的方式一次性进行信息交换。

（三）基于文本的消息传递

由于互联网中大量异构系统的存在，SOA 系统必须采用基于文本而非二进制的消息传递方式。在传统的组件模型如 COM 和 CORBA 中，服务器端传往客户端的是一个二进制编码的对象，客户端通过调用该对象的方法来完成某些功能。然而，在互联网环境下，不同语言和平台对数据类型定义不同，给服务之间的对象传递带来很大困难。基于文本的消息传递方式通过将数据处理依赖于接收端的方式，帮助绕过兼容性问题。此外，基于文本的消息传递方式还允许数据处理端只选择性地处理理解的部分数据，忽略其他数据，从而实现理想的兼容性。

三、SOA 实施中的关键特性

SOA 的实施具有几个鲜明的基本特征。实施 SOA 的关键目标之一是实现组织 IT 资产的最大化重用。要实现这一目标，需要明确实施 SOA 的关键特征。

（一）可从组织外部访问

业务伙伴（通常称为外部用户）能够像组织内部用户一样访问相同的服务。业务伙伴通过先进的 B2B 协议进行合作。当业务伙伴基于业务目的交换信息时，他们参与了一次会话。会话类型取决于业务目的。除了 B2B 协议外，外部用户还可以访问以 Web 服务方式提供的组织服务。

（二）随时可用

当服务使用者请求服务时，SOA 要求必须有服务提供者能够响应。大多数 SOA 能够为企业门户应用等同步应用和 B2B 等异步应用提供服务。同步应用对其使用的服务具有很强的依赖性。

（三）粗粒度服务接口

粗粒度服务提供一项特定的业务功能，而细粒度服务则代表了技术组件方法。粗粒度服务接口的优点在于使用者和服务层之间无需多次交互，一次交互即可完成。在互联网环境中，建立连接的成本过高，因此粗粒度服务接口的优点更加明显。

（四）分级

在服务分级方面，公开服务通常由后台系统或 SOA 平台中的本地服务组成。因此，允许在服务层创建私有服务非常重要。正确的文档、配置管理和私有服务的重用对 IT 部门在 SOA 服务层快速开发新公开服务的能力有重要影响。

（五）松散耦合

SOA 具有松散耦合的组件服务，这一点与其他大多数组件架构不同。松散耦合旨在将服务使用者和服务提供者在服务实现和使用方面隔离开来。服务接口作为独立实体与服务实现分离，使得服务实现能够在不影响服务使用者的情况下进行修改。

（六）可重用的服务及服务接口设计管理

如果完全按照可重用的原则设计服务，SOA 将使应用变得更加灵活。可重用服务采用通用格式提供重要的业务功能，为开发人员节省了大量时间。设计可重用服务是与数据库设计或通用数据建模类似的最有价值的工作。由于服务设计是成功的关键因素，SOA 实施者应寻找一种适当的方法进行服务设计过程管理。

（七）标准化的接口

近年来出现的 XML 和 Web 服务等重要标准，增加了新的重要功能，将 SOA 推向更高的层面，并大大提升了 SOA 的价值。相对于以往专有的 SOA 产品，XML 和 Web 服务的开放性使组织能够在所部署的所有技术和应用中采用 SOA。

（八）支持各种消息模式

SOA 中可能存在以下消息模式：

1. 无状态的消息

使用者发送的每条消息必须包含服务提供者处理该消息所需的全部信息，使服务提供者无须存储使用者的状态信息，从而更易扩展。

2. 有状态的消息

使用者与提供者共享特定环境信息，此信息包含在交换的消息中。这使得通信更灵活，但服务提供者必须存储每个使用者的状态信息，整体可扩展性减弱。

3. 等待消息

多次重复发送的消息效果与发送单条消息相同。这使得提供者和使用者在出现故障时能够简单地复制消息，从而改进服务可靠性。

（九）精确定义的服务接口

服务由提供者和使用者之间的契约定义。契约规定了服务使用方法及使用者期望的结果，甚至可以规定服务质量。服务契约必须进行精确的定义，以确保服务的正确使用和实现。

四、SOA 的优点

（一）编码灵活性

基于模块化的底层服务，可以通过不同的组合方式创建高层服务，从而实现重用，这体现了编码的灵活性。此外，由于服务使用者不直接访问服务提供者，这种实现方式本身也具有灵活性。

（二）明确开发人员角色

例如，熟悉 BES 的开发人员可以专注于重用访问层，而协调层开发人员无需深入了解 BES 的实现，只需集中精力解决高价值的业务问题。

（三）支持多种客户类型

通过精确定义的服务接口和对 XML、Web 服务标准的支持，SOA 能够支持多种客户类型，包括 PDA、手机等新型访问渠道。

（四）更易维护

服务提供者和服务使用者之间的松散耦合关系及对开放标准的采用，确保了系统的易维护性。

（五）更好的伸缩性

通过服务设计、开发和部署所采用的架构模型，实现伸缩性。服务提供者可以独立调整，以满足服务需求。

（六）更高的可用性

这一特性体现在服务提供者和服务使用者之间的松散耦合关系上。使用者无需了解提供者的实现细节，服务提供者可以在 Web Logic 集群环境中灵活部署，使用者可以被转接到可用的实例上。

SOA 可以视为 B/S 模型、XML/Web Service 技术之后的自然延伸。SOA 将帮助我们站在新的高度理解企业级架构中的各种组件的开发和部署形式，帮助组织系统架构者以更迅速、更可靠、更具通用性的方式架构整个业务系统。相较于以往，以 SOA 架构的系统更能从容应对业务的急剧变化。

五、SOA 的实践原则

SOA 是一种组织架构，从组织的需求出发。但 SOA 与其他组织架构方法的不同之处在于其提供的业务敏捷性。业务敏捷性是指组织对变更快速和有效地进行响应，并利用变更获得竞争优势的能力。对架构设计师而言，创建一个业务敏捷的架构意味着创建一个可以满足当前未知业务需求的 IT 架构。

要满足这种业务敏捷性，SOA 的实践必须遵循以下原则：

（一）业务驱动服务，服务驱动技术

本质上，服务位于业务和技术之间。面向服务的架构设计师必须理解业务需求与可提供服务之间的动态关系，同时理解服务与提供这些服务的底层技术之间的关系。

（二）业务敏捷是基本的业务需求

SOA 考虑的是更高的抽象层次：提供响应变化需求的能力是新的"元需求"，而非处理一些固定的业务需求。硬件系统的整个架构都必须满足业务敏捷的需求，因为在 SOA 中，任何的瓶颈都会影响整个 IT 环境的灵活性。

（三）一个成功的 SOA 总在变化之中

SOA 的工作场景更像是一个活的有机体，而非传统的"盖一栋房子"。IT 环境唯一不变的就是变化，因此面向服务架构设计师的工作永远不会结束。对于习惯于盖房子的设计师来说，转向设计一个活的有机体需要全新的思维方式。

第三章　信息管理的路径

第一节　信息管理方法论

从现代意义上理解，"方法"是指人们在一切活动领域内从实践上或理论上把握现实、为达到某种目的而采用的途径、手段、工具和方式的总和。信息管理活动的顺利进行并取得预期效果，必然依赖于各种科学管理方法的运用。信息管理方法就是信息管理人员适应社会信息管理环境，为达到某种信息管理目标而采用的特定行为方式。"工欲善其事，必先利其器。"信息管理活动的进步和发展，一刻也离不开信息管理方法的进步和发展。正如著名哲学家笛卡尔在《谈方法》中指出的那样："那些只是极慢地前进的人，如果总是遵循着正确的道路，可以比那些奔跑着然而离开正确道路的人走在前面很多。"同时，我们也可以毫不夸张地说，正是信息管理活动中科学方法的应用特别是大量新方法的引进和消化，信息管理方法一次又一次进步，为信息管理活动带来了一次又一次质的飞跃；哪怕是信息管理活动的每一次细微的进步和发展，也与信息管理活动中方法的应用有着非常紧密的关系。

一、信息管理方法的来源

信息管理方法的来源中，最重要的是人们信息管理活动的实践。在具体的信息管理活动的实践中，人们总是尝试性地运用某种方式去解决某一问题，这种方式一旦适合于现实状况，就会作为一种经验被记录下来，为人们解决类似问题提供借鉴和参考。无数的经验加以归纳、总结和升华，并在实践中不断给予检验，就形成了"方法"。在信息管理活动的实践中提取信息管理方法，是信息管理方法最基本的来源，称为"历史观来源"。同时，信息管理方法并不绝对依赖于具体的管理实践，还可以从其他方面获取信息管理方法，称为"发展观来源"。通过"发展观来源"获取的信息管理方法同样必须经过信息管理实践给予充分的检验。

所谓通过"发展观来源"获取的信息管理方法，主要包含两个方面的含义：第一，通过信息管理过程的思辨而形成的信息管理方法，即理想运行状态演绎出的具体方法，是理论向实践转化、开发和推广的结果；第二，从相关学科或领域研究中引进和移植的信息管理方法，即比较和借鉴他人得到的具体方法，是学科或领域之间互相影响、交叉和吸收的结果。通过信息管理过程的思辨而形成的信息管理方法和从信息管理活动的实践中提取信息管理方法，在本质上是完全一致的。因为对信息管理过程的思辨本身就建立在对信息管理活动的实践的全面把握之上，而从信息管理活动的实践中提取信息管理方法也离不开通过思辨对方法加以归纳、总结和升华。我们必须看到，从其他学科和领域中引进和移植方法是信息管理方法体系的重要组成部分，引进和移植的来源范围非常广泛。在引进和移植过程中，不仅要注意被引进和移植的方法本身的科学性问题，而且要注意该方法在新的研究领域的研究活动中的适用性问题，必须充分分析方法应用的相关内外环境因素，把握研究方法本身的调节范围，保证引进和移植方法的合理性。

二、信息管理方法的科学性

从广义上讲，信息管理方法是信息管理活动中一切途径、手段、工具和方式的总和，必然存在科学与非科学的区别。凡是符合信息管理活动客观发展规律，能够充分实现具体信息管理目标的信息管理方法就具有科学性，一般所说的信息管理方法实际上就隐含了"科学性"的含义，它是与非信息管理方法相对而言的。信息管理方法的科学性问题是信息管理活动的关键之所在，缺乏科学性的研究方法只能使我们与研究目标背道而驰，永远不能达到光辉的顶点。

关于信息管理方法的科学性问题，目前尚无法找到一个合理、规范的评价机制和评价体系。从信息管理方法运用的角度来认识，信息管理方法的科学性主要包括三个方面的含义：第一，信息管理方法自身的科学性，即理性分析信息管理方法是否揭示和反映信息管理活动各相关要素的内在规律性。第二，信息管理方法选择的科学性，即如何根据信息管理活动的一般或特殊要求有目的和有意识地从大量可供选择的方法中寻求最佳方法。第三，信息管理方法与管理要素结合的科学性，即在具体管理活动环境中信息管理方法的适应性和权变性是否与效用性和客观性相匹配。

从信息管理方法的功能的角度来认识，对信息管理方法的科学性的评价，可以从三个方面进行：第一，揭示信息管理对象的科学性，即针对不同信息管理对象的具体特征，全面、完整、细致、合理地反映研究对象的内在结构及其相互关系。第二，配置信息管理要素的科学性，即在信息管理过程中保证信息、人力、物力、设备等多种要素的联结和谐、紧凑、统一、实时。第三，契合信息管理目标的科学性，即以信息管理整体和阶段目标为准则，沟通信息管理内外环境，及时、广泛、完备、准确地实现信息管理的功能和作用。因此，信息管理方法的科学性是信息管理方法加以运用并取得研究成果的根本保障。一切信息管理方法都是以信息管理目标是否实现、实现的效果和程度如何，作为方法科学与非科学的基本评价尺度的。从信息管理方法科学性的这三个方面来看，揭示信息管理对象的科学性和配置信息管理要素的科学性是基础和条件，契合信息管理目标的科学性是根本性和决定性的方面。

由于信息管理方法的科学性在很大程度上与信息管理目标的科学性紧密相关，要在具体、直观的信息管理活动中考察信息管理方法的科学性，因此，与其说我们是在分析信息管理方法的科学性，不如说我们是在分析信息管理方法的有效性。信息管理活动中并不绝对存在一种普遍适合于任何情况的最佳方法，那么，信息管理方法的科学性也不是一成不变的，每一种信息管理方法不仅有其相应的应用条件和背景，而且正是在不同的应用条件和背景中体现出不同方法的科学性，这种科学性可能随着条件和背景的变化而变化。

信息管理方法的科学性与方法应用条件和背景具有密切关系，二者的结合如果是有效的就能促进信息管理目标的实现，同时也表明了信息管理方法的科学性。信息管理方法的科学性不仅仅是信息管理方法本身的自然的科学性，而且是信息管理方法应用的现实的科学性。

三、信息管理科学方法论

要正确理解信息管理方法论的内容和功能，首先必须明确把握所谓的方法群的概念。信息管理方法多种多样，信息管理方法体系的构建永远在一个不断发展的过程之中。其中信息管理方法群是一个重要概念。所谓信息管理方法群是指在信息管理活动中，信息管理方法常常并非以个体方式存在而表现为一种组合方式，这种信息管理方法组合的结果就是信息管理方法群。这正如阿亚拉等人指出的那样，"科学家们并不是遵循唯一的科学方法，而是运用特别适合他们的一组方法"。信息管理方法群概念的提出基于以下三点：第一，信息管理方法在信息管理活动中功能的发挥不仅取决于研究方法和研究要素的结合，而且通常是多种方法综合运用的结果。第二，信息管理方法在信息管理活动中的综合运用即研究方法的组合不是任意的，而是需要运用信息管理方法论有效地加以指导，也就是说信息管理方法群不是简单的方法叠加，而是研究环境中手段和对象的有机结合。第三，对信息管理方法的把握中非常重要的一种方式就是对信息管理方法进行区分，而信息管理方法的区分并不一定是枚举式的，通过多种区分标准获得的结果也就是一系列的信息管理方法群。从这个意义上说，信息管理活动中信息管理方法功能发挥主要就是通过信息管理方法群的功能发挥得以体现的，即为实现信息管理目标而对各种信息管理方法进行分析、对比、选择、组合、实施的过程中从信息管理方法的个体存在到信息管理方法群的科学形成，具体而实际地作用于信息管理对象。信息管理方法群概念的提出，一方面描述了信息管理活动中各种信息管理方法的具体表现方式、结合方式和运作方式，另一方面展示了信息管理方法论对信息管理方法的有效配置作用、调谐作用和激活作用，因而具有重要的理论意义。信息管理方法论所要面对的不仅仅是个别的方法，而且也必须面对方法与方法的组合、相似方法的结合和不同方法的碰撞，因而方法群的概念在这个意义上也就体现为信息管理方法论的重要研究对象之一。

信息管理方法论以信息管理方法作为基本研究对象，其基本任务即要解决的问题是：揭示信息管理方法的实质、目的及其在信息管理体系中的地位，明确信息管理方法有效应用的前提条件和一般过程，促进信息管理状态和方法的最佳配置。根据信息管理方法论的基本任务，信息管理方法论主要包括四个方面的内容：第一，信息管理方法体系研究，即信息管理方法的类型和特征研究。第二，信息管理方法应用研究，即信息管理方法的应用条件和约束条件研究。第三，信息管理方法评价研究，即信息管理方法的功能和作用研究。第四，信息管理方法发展研究，即信息管理方法的生成和开发研究。信息管理方法论的基础在于通过对信息管理方法的系统分析而不是个别分析，揭示特定信息管理方法的目的、范围和效力，为信息管理中各种方法的功能发挥提供科学指南。

信息管理方法论研究中，一定要坚持科学的原则并作为发展指南，以贯之于学科和事业发展的全过程。这些原则可以归纳为：第一，价值原则，即信息管理方法论要为信息管理理论与实践提供科学思想和认识的指南；第二，综合原则，即信息管理的发展必须依赖于综合化的方法论体系完整把握研究和管理对象；第三，理性原则，即科学地而不是纯思辨地运用方法论武器以发展信息管理方法论；第四，联系原则，即将信息管理与相关学科充分联系起来共同发挥信息管理方法论的宏观效益；第五，发展原则，即从发展而不是僵化的角度出发引进其他领域的具有明确实用性的先进方法和培育信息管理特色化方法；第六，实践原则，即在信息管理的实践过程中不断检验和发展信息管理方法论；第七，协调原则，即有效协调不同层级的信息管理方法和信息管理方法论研究活动；第八，整体原则，即把信息管理方法论建设作为信息管理学科和事业发展的整体需求之一加以重视和对待；第九，渐进原则，即从大局大观入手从不同的角度和起点积极展开丰富多彩的信息管理方法论建设；第十，开拓原则，即勇于探索未知领域并具有走在科学方法论前沿的责任感和自信心。

因此，从信息管理方法论在具体信息管理活动中的功能来看，信息管理方法论的作用主要体现在三个方面：第一，信息管理方法形成中信息管理方法论的诱导作用，有利于经验方法上升为科学方法、感性方法转化为理性方法，有利于一般方法的专门化、专门方法的精细化，为信息管理方法体系提供丰富的素材。第二，信息管理方法选择中信息管理方法论的疏导作用，有利于针对具体研究目标和研究环境确定适用性方法，有利于从具有相近或相似应用条件的不同方法中选择最佳方法，为信息管理方法的应用奠定良好的基础。第三，信息管理方法应用中信息管理方法论的指导作用，有利于具体研究情况和特定方法的有效配合，有利于特定方法对研究对象的有效调控行为，为信息管理方法以功能发挥的合理机制。

信息管理方法论的这种"诱导—疏导—指导"作用，客观地表现出信息管理方法在与信息管理活动的有机结合中并非一种随意性调节行为，而是在信息管理方法论作用下的一种理智的调节行为。我们把这种调节行为看成"既是一门科学，又是一门艺术"一点也不显得过分。正是人们艺术地而不是机械地将二者最客观、最有效地联结，使得信息管理活动"沿着正确的道路前进"，从而保证研究对象的揭示深层化、研究过程的反映高效化、研究目标的实现集约化。

信息管理领域的研究和实践活动的发展越来越依赖于方法论的发展，而信息管理学的发展潜力远远没有得到最大限度地发挥，信息管理方法论成为学科和事业发展的"瓶颈因素"之一。在信息管理发展环境业已发生巨大变化的今天，社会信息化和信息社会化的飞速发展为人们提出了更新、更多的研究课题和实际课题，自然对方法论研究提出了更高、更广的要求。因此，在进一步加强信息管理方法论研究的过程中，要在继承现有研究的优势和成果的基础上，从新的视角全面审视学科发展和事业进步与方法论之间的关系，不断强化研究的创新意识，强调研究的现实责任感，注意运用新的研究手段和途径，努力掌握信息管理方法论的内在本质规律，从而真正体现信息管理方法论在方法形成中的诱导作用、在方法选择中的疏导作用和在方法应用中的指导作用。

目前，信息管理方法论的研究活动我们要努力使信息管理方法论的研究和应用水平上新台阶。因此，在信息管理方法论研究活动中如何充分地把握科学性和现实性的结合洞悉问题的全局性、基础研究的思辨性、方法评价的实用性、理论探索的指导性，成为将信息管理方法论研究和应用提高到一个新的水平的关键性前提。同时，不断强化信息管理的社会效益和发展效益，也必须具有新的思维和新的路径，也必须重视摆脱原有的各种禁锢，从信息管理方法论中寻求对策。要将信息管理方法论的研究和应用的创新性发展与信息管理实践活动和科学研究（尤其是与科学研究成果指引下的信息管理实践活动）有机联系起来，既要有创新意识，更要有创新能力。一定要突出研究成果的效用性和效益性，要把推动学科发展、丰富学科构架、提高学科地位、增强科研效益、指导工作实践、促进事业进步作为发展的新目标和新方向，借助于方法论研究及其应用的指南作用和导向功能的良好发挥使之得以充分而有效地实现。

第二节　信息管理的策略

信息管理既是一门充满艺术性的活动，又是一项高度严密的人类认知活动。信息管理方法论则是关于信息管理方法的系统学说，是推动信息管理活动不断进步的关键因素。正确掌握并有效运用各种信息管理方法，是促进信息管理活动持续发展的重要前提和基础。

一、信息管理方法的种类

信息管理方法种类繁多，其体系构建仍在进行中，这是一个漫长的历史进程，不可能一蹴而就。在现代管理思想的发展过程中，学派林立，观点各异，形成了所谓的"管理理论丛林"。这一现象具有双重性：一方面，它推动了理论和方法的大发展、大汇聚；另一方面，也导致了学派之间的激烈争论与思想混乱。要突破这一困境，科学地梳理各种管理理论，从中归纳总结出行之有效的科学方法并给予客观评价，是一项极其重要的任务。信息管理领域同样存在"信息管理理论丛林"，由于信息管理学尚未进入常规科学阶段，导致不成熟与成熟的理论并存，进一步加剧了这一现象，使得信息管理方法呈现出多元化、多层次的特点。因此，正确把握信息管理方法体系，是运用信息管理科学方法论突破"信息管理理论丛林"的关键路径。

信息管理方法的区分方式多样，首先要明确方法的分层和分类问题。通常有两种区分方法：一是分层方法，即按层次划分的区分方式，将事物按不同层次划分为不同等级，子目之间具有梯级关系，具有从一般到个别的性质；二是分类方法，即按类别划分的区分方式，将事物按不同特征区分为不同类型，子目之间具有并列关系，具有互相排斥的性质。对于信息管理方法，必须同时运用分层和分类两种方法，二者既有区别又有联系，甚至在某种意义上，分层也可以被视为分类的一种，但绝不能将所有分类都视为分层。这也是由人类区分事物的具体清晰性与抽象模糊性决定的。

信息管理方法的区分意义不仅在于简单的分门别类，而在于帮助人们发现信息管理方法及其方法论的历史发展规律，为科学地发现、获取和运用方法提供理论支持。

（一）按信息管理方法应用对象区分

信息管理方法按应用对象可分为以下几类。

（1）信息主体管理方法：主要是信息用户及信息管理过程中其他人员的管理方法，即对相关人员的需求、行为及其功能进行有效调控的方法。

（2）信息客体管理方法：主要是信息组织方法，通过对信息的加工处理，使信息从无序态过渡到有序态的一系列方法。

（3）信息过程管理方法：主要是信息机构管理方法，即对作为信息传输通道的专门信息机构的机制、机理及其功能进行科学运作管理的方法。

（4）信息环境管理方法：主要是信息宏观环境和微观环境管理方法，通过优化社会信息管理内外部环境的要素配置和效用调节，实现管理目标的方法。

（二）按信息管理方法的基本性质区分

信息管理方法按性质可分为以下几类。

（1）法律方法：即信息政策法规方法，通过国家有关信息活动的政策法规及相关规范和标准进行管理的方法。

（2）行政方法：即依靠行政组织机构及其行政权力，通过行政强制力对信息管理对象施加影响的方法。

（3）经济方法：即按照经济规律的要求，运用各种经济手段对信息管理对象进行调节的方法。

（4）技术方法：即信息技术方法，利用现代信息技术的优势对信息管理对象进行管理的方法。

（三）按信息管理方法的适用层次性区分

信息管理方法具有层次性，可按其适用层次性进行区分。

（1）一般管理方法：适用于一切社会管理活动的科学管理方法，如计划管理方法、目标管理方法、激励管理方法等。

（2）通用管理方法：适用于整个信息管理活动的科学管理方法，如信息计量方法、信息工作记录分析法、信息系统管理法等。

（3）专用管理方法：适用于信息管理活动个别领域的科学管理方法，如信息主题揭示法、信息内容分析法、信息用户研究法等。

二、信息管理方法举要

信息管理方法是由信息管理活动的"科学结构"所决定的、逻辑严谨、整齐有序的体系，在信息管理活动中发挥着重要作用。在众多的信息管理方法中，不同的方法既相互联系又各具特点，共同实现其科学有效性。这里以两种信息管理方法为例进行简要介绍。

（一）一般管理方法：激励管理方法

激励管理方法是社会管理的一般方法，也是管理心理学的研究成果在信息管理活动中的具体应用，尤其在对信息机构及其人员管理中得到了初步实践。"激励"即通过激发人的行为动机，调动其积极性。个人的努力程度与其需求密切相关，因为工作的目的是满足自身需求。因此，激励措施应针对个体的具体需求，以达到最佳效果。

人的需求尽管多样，但具有规律性。美国管理心理学家马斯洛提出的需求层次理论将人的需求分为五个层次：生理需求、安全需求、社交需求、尊重需求和自我实现需求，这些需求按从低到高的顺序排列。在某一时期内，个体通常有一种优势需求，激励措施应针对不同个体的不同需求层次分别采取。信息管理活动中，信息人员的需求特征与一般个体类似，因此激励管理方法的运用必须增强针对性，以提高其效用。

（二）技术方法：信息技术方法

信息技术方法利用现代信息技术的优势，如高速、高效、灵活和多样化的特点，对信息管理对象进行科学管理。信息技术方法在信息管理活动中发挥着关键作用，尤其在信息系统的构建与优化、数据处理与分析等方面具有显著优势。

在激励管理方法运用中，必须把握和处理好以下几个关系：

第一，有形激励方法和无形激励方法的综合利用，即物质激励方法和精神激励方法的综合利用。特别注意不能片面强调物质激励方法。物质激励方法主要通过提高工作报酬、发放奖金和奖品、实行弹性工作制、改善工作环境等手段实现；精神激励方法则主要通过参与管理制度、工作晋升提级、授予荣誉称号、创造工作条件等手段实现。二者必须结合起来，使激励管理不致走入片面强调个人利益、片面重视物质金钱，或片面损害个人利益、片面忽视经济利益的误区。

第二，过程激励方法和成果激励方法的综合利用。不仅要针对工作成果采用相应的激励方法，而且要在工作过程中采用相应的激励方法，使激励管理方法更全面地得到应用。过程激励方法特别强调在工作过程中目标的制定、任务的分配、条件的支持等方面的激励；成果激励方法则特别强调对工作效果、贡献的激励。二者也需结合起来，才能真正发挥作用。

第三，微观激励方法和宏观激励方法的综合利用。不仅要重视对信息机构中人员的微观激励，还要重视从社会角度对信息机构整体的宏观激励。在对信息机构整体的宏观激励中，应注意加强社会对信息服务业的投入、提高信息职业特别是信息服务职业的社会地位、促进社会各界与信息机构的联系等方面，从而推动信息机构的不断发展。

第四，激励管理方法与其他管理方法的综合利用。把激励管理方法作为信息管理方法体系中的重要组成部分，并与其他管理方法搭配使用。特别强调的是，激励管理方法更多地体现对积极性和创造性的激发，为其他管理方法的实现创造条件、提供服务，因此必须将激励管理方法与其他管理方法相结合，以调动一切积极因素。激励管理方法的有效性更多地取决于良好的管理组织环境，必须根据不同对象采用有针对性的激励方法，同时也要了解不同激励方法的特殊效用性，不应过分夸大某种激励方法的作用。美国汽车工会前主席伍德科克曾指出，过分强调职务内容丰富化的激励作用是一种"学究式作家写出的废话"。

（三）通用管理方法：信息计量方法

数学方法被广泛应用于管理中，其内涵非常广泛。人们常利用微积分、线性代数、概率论和数理统计、运筹学等方面知识来解决各种管理问题，特别是在建立管理数学模型、管理定量评价、经济核算问题、管理科学决策中应用更加深入。我们必须认识到，数学方法并不是管理科学中一个绝对独立的方法，而是使数学方法融入管理活动中，真正成为一种管理数学方法。在信息管理活动中导入数学方法，目前主要表现在：第一，统计学在信息管理中的应用，信息计量方法就是具体的应用手段；第二，运筹学在信息管理中的应用，如"排队论""库存论""决策论""可靠性理论"等在信息管理中具有应用的可行性；第三，其他数学知识在信息管理中的应用，如线性规划、模糊数学等纯数学和应用数学的理论和方法都会为信息管理提供科学方法来源。马克思曾指出："一种科学只有成功地运用数学时，才算达到真正完善的地步。"因此，数学方法在信息管理中的导入使信息管理在向定量化、规范化、精确化方向不断发展中逐渐成熟。

信息计量方法的理论基础是信息计量学，是以统计学为核心的多种应用数学向信息管理科学渗透的产物。长期以来，人们使用了"文献计量学"的概念，普利查德将其定义为"用数学统计学方法分析文献以探明文献本身、科学技术及科技人员的特性的一种科学方法。"随着视角的转换和范围的拓展，"文献计量学"的计量分析对象已不再局限于文献单元，其理论方法也不再局限于统计学理论方法。德国学者昂·纳克首次提出的"信息计量学"已经开始取代"文献计量学"的地位，即综合利用各种应用数学理论方法并吸收纯数学理论知识作为基本方法论，对信息活动中的可计量单元（包括载体单元、内容单元、结构单元等）进行科学分析并揭示其规律性。"信息计量学"对"文献计量学"的扩展更多地体现为一种思想和方法，并具体应用于信息管理实践中。最近几年，甚至有学者提出了"网络信息计量学"的概念。

在形成经典定律方面，"信息计量学"尚未取得突破性进展，仍由"文献计量学"的经典定律占据重要位置。概括来看，"文献计量学"的经典定律包括：第一，洛特卡定律（1926 年洛特卡）揭示了著者与文献数量的关系，即 $f(x) = C/x^2$（其中 $f(x)$ 指写 x 篇论文的作者的出现频率，C 为常数）；第二，齐夫定律（1935 年齐夫等）揭示了文献中词汇的分布规律，包括齐夫第一定律：$fr = C$（f 表示词在文章中出现的频次，r 表示词的等级序号，C 为常数）；齐夫第二定律：$In/I_1 = 2/n(n+1)$（In 是出现 n 次的词汇数量，I_1 是出现 1 次的词汇数量）；第三，布拉德福定律（1934 年布拉德福）揭示了科学文献数量与科学期刊数量的关系，即"如果将科学杂志按其刊载某个学科主题的论文数量，以递减顺序排列起来，就可以在所有这些杂志中区分出载文率最高的'核心'部分和包含与核心部分同等数量论文的随后几区，这时核心区和后继各区中所含的杂志数量呈 $1:a:a^2 \cdots\cdots$ 的关系（$a > 1$）。"除了这三大基础性经典定律外，还有如普赖斯文献指数增长曲线、文献逻辑增长曲线、雷歇尔定律、文献半衰期、巴尔顿—凯普勒文献老化公式等重要理论和加菲尔德《科学引文索引》的引文分析法等重要方法，这些都促进了文献计量学的发展并为信息计量学的发展奠定了扎实的基础。

信息计量方法在信息管理活动中具有广阔的应用范围和良好的应用前景。信息计量方法首先是建立在信息可计量基础上的，信息活动中的可计量单元都是分析的对象。具体包括：第一，信息载体单元，即以单独的信息载体形态作为统计单元，可以对图书、期刊、磁盘、书目等各类信息个体在社会范围或较小的范围内加以计量；第二，信息内容单元，即以信息的具体内涵作为统计单元，如概念、命题、判断、推理等内容要素和主题词、分类号等内容标识都可以作为计量对象；第三，信息结构单元，即以信息的组成结构作为统计单元，如对字节、字、词、句、段落、章节等基本形态和题名、责任者、生产事项、语种等外在特征加以统计分析；第四，信息利用单元，即以信息的利用状况作为统计单元，如对用户类型、信息需求、满足水平、利用方式等进行定量分析；第五，信息工作单元，即以信息的微观管理状况作为统计单元，如定量分析人员构成、机构状态、工作量（包括质量和数量）、管理流程、管理水平等问题。必须注意的是，对这些可计量单元的分析必须有一定的信息管理目标约束，将分析结果作为一种管理手段加以利用，这要求在运用信息计量方法时将与管理目标相关的可计量单元进行综合处理分析并突出重要问题。

在运用信息计量方法中，一个至关重要的问题是将各种计量单元指标化，即形成有管理意义的统计分析指标。目前对信息活动的统计分析指标尚未形成体系，在对文献信息机构的评估中统计分析指标相对比较完善。我们认为，信息活动的统计分析指标主要应包含以下几个方面的内容：第一，信息资源指标，包括社会信息资源宏观生产状况、社会信息资源总体控制状况、具体信息机构中各种信息资源分布及拥有状况，如社会信息总量、社会信息控制率、信息机构信息总量、信息机构信息更新速度等都是相关指标；第二，信息服务指标，包括社会信息业总体服务状况、具体信息机构总体服务及各类服务状况，如社会信息保障率、信息机构利用率、信息用户满足率、信息产品生产量、信息产品销售量等都是相关指标；第三，信息成本指标，包括社会信息业投入状况、信息机构各种消耗状况，如信息业固定资产投资量、信息机构工资总额、信息设备利用率等都是相关指标；第四，信息效果指标，包括信息业社会效益状况、信息业经济效益状况、信息机构投入—产出状况、信息机构工作效率（如信息业生产总值、信息产品净产值、信息业劳动生产率、信息机构利润率）等都是相关指标。显然，对信息活动的统计分析指标中都应包含两方面的内容，一是社会信息活动的宏观性指标，二是具体信息机构的微观性指标，二者互相关联，又具有区别。

信息计量方法在信息管理中的应用，不仅体现在形成一个科学、实用的信息活动统计指标体系为管理决策、管理评估提供重要手段，还可以具体适用于信息管理的诸多领域。如在信息客体管理中，可以通过引文分析法把握信息源的基本特征，为科学开发和评价信息源提供理论工具，图书馆工作中"核心期刊（Core Periodicals）"的测定就是一个典型例证；在信息主体管理中，也可以通过引文分析法了解用户需求在主题领域、信息类别等方面的分布状况，从而极大提高用户服务的针对性和准确性。因此，信息计量方法通过对信息活动可计量单元的分析研究，为人们把握信息活动的基本规律，促进信息管理的科学性和有效性，提供了一种简洁明快、精致缜密的科学方法。在具体应用信息计量方法的过程中，还应注意方法的适用性和推广性。

第四章　信息技术的管理

第一节　信息技术

信息资源的技术管理是通过技术的手段对信息资源进行收集、整理、存储和传播，从而更有效地开发和利用信息资源。

一、信息技术的涵义

"技术"一词源于希腊文 Techne（工艺、技能）与 logos（词、讲话）的组合，意指对造型艺术和应用技术进行论述。1615 年，"techno loge"一词在美国出现，也有学者认为英国经济学家贝克曼于 1772 年最先在文献中使用这一术语。不同领域的专家从不同角度给技术下了百余种定义，但迄今为止，尚未有一个公认的准确定义。有学者认为，技术有狭义和广义之分，狭义的技术称为物质技术，是人类有目的地改变自然界而形成的知识系统；广义的技术是人类有目的地改变现实世界，包括自然界、人类社会和人类思维而形成的知识系统。《辞海》定义技术为："根据生产实践经验和自然科学原理而发展成的各种操作方法和技能。广义地讲，还包括相应的生产工具和其他物资设备，以及生产工艺过程或生产程序和方法。"

技术的发端早于科学，人类的科学史始于技术史。在 19 世纪中叶以前，主要是科学得益于技术；而在 19 世纪中叶以后，特别是 20 世纪，科学开始引导技术。科学与技术的关系日益密切，正是它们之间的相互作用，形成了现代科学技术系统。

信息技术是收集、处理、存储和传递信息的技术，是扩展人的信息器官功能的技术。人的信息器官主要包括四大类：感觉器官（获取信息）、思维器官（处理信息）、效应器官（施用信息）和神经网络（传递信息）。这些器官的功能都可以通过信息技术得到延伸。技术伴随着人类的发展而不断进步，20世纪发生了两次技术革命，第一次以原子能技术、电子技术、合成化学技术为代表，第二次是以信息技术为中心的革命，这场革命对人类社会产生了深远影响。信息技术包括计算机技术、微电子技术、光子技术、通信技术、辐射成像技术等。

二、信息技术发展简史

人类历史上发生了五次信息技术的革命。

（一）语言的产生

在漫长的原始社会，人类只能通过手势、声音等传递信息。随着经验的积累，人类逐渐具有抽象思维能力，并在此基础上产生了语言。语言的产生是人类获得交流信息的手段，被誉为信息第一载体。

（二）文字的出现

文字是记录语言的符号体系，突破了有声语言在时间和空间上的局限性，使信息可以超时间、超地域传递和交流，并为人类文化遗产的积累提供了基础。

（三）造纸术和印刷术的发明

纸张的发明极大地促进了文字信息的交流，印刷术的发明则使文献得以广泛传播和长期保存。

（四）电报、电话、电视的问世

电报、电话和电视的问世使人类的信息交流进入一个新的纪元。

（五）电子计算机和现代通信技术的结合

电子计算机的发明和应用从根本上改变了人类收集、处理、存储和传播信息的能力，信息网络的建立使全球联成一体。

三、信息技术的类型

（一）信息收集技术

信息收集技术主要包括各种传感技术，如卫星遥感技术、红外遥感技术等，极大地增强了人类收集信息的能力。

（二）信息存储技术

1. 纸存储技术

纸质文献使用方便，容易携带，不需要任何辅助器械。

2. 磁存储技术

磁存储技术存储量大、体积小、成本低，但要借助辅助设备才能使用。

3. 缩微技术

缩微技术存储量大、体积小、成本低，但需要专门设备才能阅读。

4. 光存储技术

光存储技术存储密度高、容量大、体积小、成本低，便于与计算机接口。

5. 多媒体技术

多媒体技术集文字、图像和声音于一体，具有广阔的发展前景。

（三）信息处理技术

信息处理技术主要是用计算机技术处理信息，计算机运行速度极高，能自动处理大量信息，并具有很高的精确度。

1. 信息系统技术

信息系统技术以计算机为中心，以数据库和通信网络技术为依托实现对信息处理。

2. 数据库技术

数据库技术能将混乱无序的信息变成有序，实现信息的有序存储和有效利用。

3. 检索技术

检索技术使人们可以迅速地从数据库中查找所需信息。

（四）信息传播技术

信息传播技术将信息从一地传到另一地，人类一直在改进信息传播方式，从原始社会的手势、声音到现代的因特网，每次变化都是划时代的革命。

第二节　信息技术的有效性

现在信息技术已经成为第四种社会性技术。所谓社会性技术，是指从根本上改变人类社会面貌的技术，一般认为应具备三个条件：一是以创新的核心技术为中心，与其他革新技术相结合，形成了时代的综合性技术；二是这些时代的综合性技术普及到人类社会的各个角落并扎根生长；三是这些技术应用的结果产生了空前的社会生产力。从信息技术的现实情况和发展趋势来看，完全符合这些条件。在人类历史上，前三种社会性技术是狩猎技术、农业技术和工业技术。

人类社会发展史证明，每次重大的科学技术进步，往往会引起整个社会的深刻变革。信息技术作为当代的社会性技术，引起的变革主要表现在以下几个方面。

一、促进产业结构的变革

主要体现在三个方面：一是现代信息技术促使了一批新兴产业的产生；二是加速了传统工业的改造；三是信息服务业蓬勃发展。

（一）促进新兴产业的产生

一次重大的技术进步，直接结果是导致一批新兴工业的发展。信息技术的巨大作用，促使了一批新兴信息工业的崛起。这些产业是指以高新技术为基础形成的产业，包括计算机硬件和软件业、电子产品及电子元器件制造业、通信设备和器材业、自动化设备制造业等。

（二）改造传统产业

传统产业是相对于新兴工业而言，主要指煤炭、冶炼、纺织、机器制造等产业。这些产业经历昔日的辉煌后，呈现出市场日益缩小的局面。使传统工业发生革命性变化的是来自于外部的信息技术。信息技术应用极其广泛，具有很强的渗透性。信息技术在传统工业中的应用主要表现在两个方面：一是通过计算机的辅助技术实现工业生产的自动化；二是通过机电一体化技术实现机器及产品的智能化。计算机辅助技术是利用计算机进行设计、计算、控制和模拟以辅助人脑的技术，例如，计算机辅助设计技术（Computer Aided Design，CAD）、计算机辅助制造技术（Computer Aided Manufacture，CAM）和计算机辅助工程技术（Computer Aided Engineering，CAE）。所谓机器智能化，是将微型计算机作为处理控制中心嵌入各类机器的产品中，使之具有一定的智能。智能化机器将传统的机械与传感器、计算机及电子电器结构相结合，使之具有一定的感知、问题求解、规划及执行功能。现在的机器设备和家庭电器都朝这一方向发展，其中典型的是机器人。另外，由于计算机技术在管理方面的应用，产生了管理信息系统，使企业能够运用计算机进行一体化管理，使企业的决策、设计、生产、销售等过程计算机化，使管理达到一个新的水平。加上办公室自动化，使办公效率和质量大大提高。总之，信息技术使传统产业获得了新的生机。

（三）服务业迅速发展

随着技术进步和生产力的发展，人们的生活需求多样化，消费结构发生变化。过去许多由家庭服务和自我服务实现的消费需求，现在改由社会有关部门来承担，信息技术的发展为生产和生活的社会化提供了条件。而且，由于信息技术的应用，使生产力大大提高，使更多的人力、物力和财力用于服务行业成为可能，因此，服务业得到蓬勃发展，提供了许多就业机会。一些发达国家的经济重心逐渐转向服务业，在产业结构中的比重不断上升。另一方面，服务活动在现代企业生产活动中的作用越来越大，已占投入成本的50%～70%，财务、计划、咨询、管理、研究开发、职工培训等已成为企业活动的中心。在国际贸易中，服务业也日益上升，1985 年世界服务业贸易总额为 4 000 亿美元，1995 年上升为 10 000 亿美元，已相当于世界贸易总额的1/4。

二、创造人类新的文明

信息技术的广泛应用，使人类社会从工业经济时代进入信息经济时代。生产结构是社会结构的基础，生产结构的变化必然引起社会结构的变化，在发达国家主要表现在城市的规模、家庭职能和职业结构三个方面。

城市化是第一次工业革命的结果，特点是集中化。随着信息技术的发展和交通条件的改善，城市分散化的趋势开始显现。现在人们可以通过网络购物、储蓄、医疗、学习、娱乐、开会，还可以进行商务贸易、金融业务、政治投票和宗教活动等，广泛覆盖了人类日常生活的各个方面。

家庭原来是与工作分开的地方，信息技术深入到家庭，使家庭可以成为信息交流和办公的场所。一些人在家里打开计算机，旁边摆着一杯咖啡，就开始了一天的工作。家庭的社会性增强，原有的家庭功能受到冲击。由于信息技术的应用，促使生产社会职业结构由劳动密集型向知识密集型转变，以体力为主要特征的"蓝领"工种逐渐减少，以脑力劳动为主的"白领"增加，"蓝领"和"白领"的差别将会日渐消失。

由于应用信息技术引起了人类的变革，在人类历史上形成了一种新的文化，即信息文化。信息文化是开放的文化，信息技术打破了人类社会的封闭状态，信息高密度地存储和远距离地传输，出现了"地球村"的概念，整个社会是一个开放的社会，人们生活在一个开放的环境中。信息文化是多元的文化，人们的思维方式是多元的，抛弃了机械决定论和单一因果分析方法，不承认只有一种传统、一条道路、一个原因、一种选择的非此即彼的思维模式。信息文化是选择文化，信息的基本含义是减少或消除不确定性，获取信息就是为了选择。信息剧增和急剧变化迫使人们重视选择，要求人们提高选择的本领。

三、进入信息管理的新阶段

在讲到信息的功能时，我们说信息是重要的资源，信息是知识的源泉，信息是决策的依据，信息是组织的保证。但这些功能不能自然地实现，需要对信息进行管理，要利用技术手段对信息进行收集、处理、存储和传播。信息技术使信息管理的手段发生了质的变化，信息技术的进步使信息管理从手工方式向自动化、网络化、数字化的方向发展，实现了对信息全方位的收集，高速度的处理，高密度的存储和远距离的传输，使人们能够全面、快速而准确地查找所需信息，从而更有效地开发和利用信息资源。

第三节 技术与社会发展

一、科学技术与伦理道德的"两难推理"

科学技术的迅猛发展，冲击着社会生活的各个领域，使政治、经济、文化等方面发生了深刻的变化，对人类道德观念也产生了强烈的影响。科学技术日新月异的发展，不仅给人类带来了高度的物质文明，还促进了人类思想的解放。

二、评价科学技术与社会发展

科学技术是推动人类社会进步的动力，揭示了社会发展的本质和规律。科学的本质特征是尊重事实，实事求是；科学的灵魂在于勇于探索和不断创新；科学的基本要求是尊重不同意见，在真理面前人人平等。科学技术作为人类认识客观世界和主观世界的成果，是人类知识的结晶，作为精神财富，又是人类进一步探索自然、社会、思维等方面的行动指南，是推动社会发展的革命力量。

科学技术也是推动道德进步的伟大力量。从本质上说，科学技术的发展与道德的进步并不是对立的，用最简洁的语言表达科学与道德的关系，就是真和善的关系，它们都是人类永远追求的目标，因此应该是互相促进、互相渗透、互相制约的。科学发展是推动道德进步的革命力量，道德进步是科学发展的保证因素。道德作为社会上层建筑的一种特殊意识形态，是随着社会的发展而不断发展的，并不是一成不变的抽象观念。科学技术是人类生存和发展的依靠力量，也是人类建立真正平等社会的凭借。

三、科学家的道德责任

大量事实表明，科学家所从事的科学技术活动，其基本动机是要扩大人类的能力，解决人类在现实生活中遇到的各种困难，更加有利于人类的生存和发展。从本质上说，科学技术是为人类利益而进行的一种实践活动，是人类智慧的成果。科技力量的作用方向，往往取决于研究它、利用它的人。同样的科技成果，可以为人类造福，也可以带来灾难。因此，科学家的道德面貌是决定因素，对科学技术的研究与应用，必须有一定的道德制约。把科学技术用于高尚的目的，以造福人类为最高目标的人道主义原则，是科学家道德责任的核心内容。

为了使科学技术能够用于高尚的目的，并使科技成果不被用来危害人类，应该有相应的法律规定和道德规范。为此，世界各国的许多科学家进行了认真的思索和探讨。1980 年日本学术会议通过了《科学家宪章》，它充分说明了科学家的道德责任，条文如下：

《科学家宪章》科学，依靠理性和实证去探求真理，并通过应用其成果丰富人类的生活。科学上对真理的探索及对其成果的应用，属于人类高度发达的智力活动，从事于此的科学家，必须努力尊重事实、排除武断、为真理的纯洁性而坚持严肃的态度。谋求科学的健康发展，促进对其有益的应用，是社会的要求，同时也是科学家担负的任务。为完成这一任务，科学家要遵守以下五点：

① 明确自己研究的意义和目的，为人类的福利和世界和平作出贡献；

② 拥护学术自由，尊重研究工作的创新精神；

③ 重视各种科学的协调发展，力求普及科学精神和知识；

④ 警惕对科学的忽视和滥用，努力排除由此造成的危险；

⑤ 重视科学的国际性，努力与世界各国的科学家进行交流。

第五章 大数据与信息管理

我们正处在一个信息时代，这是一个知识成为生产力的时代。今天，人们正在比以往更多地利用信息，引进并更好地利用 IT 技术来创造和获得竞争优势。这里所说的 IT 技术，是一组加工信息的工具，而竞争优势实际上有赖于人们对 IT 技术的态度以及如何使用 IT 技术。

所谓大数据，狭义上可以定义为：难以用现有的一般技术管理的大量数据的集合。对大量数据进行分析，并从中获得有用观点，这种做法在过去就已经存在于一部分研究机构和大企业中。现在的大数据与过去相比，主要有三点区别：第一，随着社交媒体和传感器网络等的发展，我们身边产生了大量且多样的数据；第二，随着硬件和软件技术的进步，数据的存储、处理成本大幅下降；第三，随着云计算的兴起，大数据的存储和处理环境已经没有必要自行搭建。

第一节 信息时代与信息资源

首先，将信息技术和管理信息系统做如下定义。

信息技术（Information Technology，IT）：指各种以计算机为基础的工具，人们用它来加工信息，并支持组织的信息需求和信息处理任务。

管理信息系统（Management Information System，MIS）：涉及系统的规划、开发、管理和信息技术工具的运用，其目的是帮助人们完成与信息处理和信息管理相关的一切任务。

如今，每个组织都需要人、信息和信息技术这三种重要资源（以及许多其他资源，例如资本）来有效地在市场中竞争。实际上，人和信息，而不是技术，才是管理信息系统中最重要的资源。管理信息系统涉及信息、信息技术和人这三种重要的组织资源的协调和运用。

一、信息时代

人们常用最具代表性的生产工具来代表一个历史时期，人类文明的发展经历了石器时代、青铜时代、铁器时代、蒸汽时代、电气时代、原子时代等。用这种思维模式来观察 20 世纪可以看到，在近 100 年里，人类从电气时代走进了信息时代。

所谓信息时代（又称信息化时代），简单地说，就是信息产生价值的时代。信息化是当今时代发展的大趋势，代表着先进生产力。20 世纪 40、50 年代，计算机的出现和逐步普及，把信息对整个社会的影响提高到重要的地位。信息量、信息传播的速度、信息处理的速度以及应用信息的程度等都以几何级数的方式在增长，人类社会进入了信息时代。

二、信息资源

在信息时代，知识来源于人们能及时获取信息并知道该用它做什么。

（一）数据、信息和商务智能

所谓数据，是指那些未经加工的事实，是对一种特定现象的描述。例如，当前的温度、影碟出租的价格以及人的年龄等，这些都是数据。而信息是指在特定背景下具有特定含义的简单数据。例如，假设你要决定穿什么衣服，当前的温度就是信息，因为它正好与你即将做出的决定（穿什么）相关。

信息可以是那些经过某种方式加工或以更具意义的形式提供的数据。例如，在企业中，影碟出租的价格对于一个销售人员来说可能是信息，而对于一个负责确定月末净利润的会计而言，它可能就只代表数据。

商务智能就是信息，但它又是一种知识——有关你的客户、竞争对手、商业合作伙伴、竞争环境以及内部运作的知识，它使你有能力做出有效的、重大的，通常也是战略上的商业决策。商务智能使组织能够发掘出信息的真实价值，从而采取创造性和有利的步骤来获取竞争优势。因此，商务智能不只是产品目录。它能将产品信息及其广告策略信息以及客户统计信息结合起来，从而帮助人们确定不同的广告媒介对于按地域划分的客户群的有效性。

（二）信息的个人维度

为了运用信息去工作，并且把信息作为一种产品来生产，可以从信息的三个维度——时间、空间和形式来确定人们对信息的需要。

（1）时间维度。信息的时间维度包括两方面：① 在人们需要时及时获得信息。② 所得到的信息与人们正要做的事情相关。

（2）空间维度。得不到的信息对人们来说就是无用的。信息的空间维度阐述了信息的便利性，即不管人们在哪里，都能够获得信息。信息的空间维度与计算机和智能手机是紧密相关的。

为员工提供远程接入时，为了保证信息的安全性和保密性，许多企业都建立了内部网。内部网是一种组织内部的网络，它能通过特殊的安全装置——防火墙（由软件、硬件或二者结合构成）防御来自外部的访问。因此，如果人们所在的企业拥有内部网，那么在办公室以外的任何地方都可以上网获取信息，只需要具备网络浏览器软件以及通过防火墙的密码。

（3）形式维度。信息的形式维度包括两方面：一是以最适当的形式——声音、文本、影像、动画、图像等——提供的信息；二是信息的准确性，即人们需要的是无差错的信息。

（三）信息的组织维度

信息的组织维度包括信息的流动、信息的粒度、信息描述的内容，以及信息是如何被使用的（被用作事务处理或信息分析处理）等内容。

大多数人把传统组织信息流和信息粒度的结构看成一个多边四层的金字

塔。组织中的信息面向四个方向流动，即向上、向下、水平和向内/向外。组织结构从上到下的层次分别是：战略管理层。为组织提供整体的方向和指导；战术管理层。根据企业战略，开发下一级的目标和战略；运作管理层。管理和指挥日常的运作并实施企业目标和战略；非管理层。由普通职工构成，他们每天在做诸如命令处理，开发并生产产品和服务，为顾客提供服务之类的具体工作。

以学校为例，战略管理层一般由校领导组成，战术管理层包括各学院的院长，运作管理层则由系主任和各教研室主任构成；最后一层则是授课教师。

向上流动的信息描述了基于日常事务处理的组织的当前状态。例如，当一项销售活动发生时，信息来源于组织的最基层，然后，通过各个不同管理层次向上流动。信息收集是 IT 日常工作的一部分，它将信息向上传送给负责监督并对问题和机遇做出相应对策的决策者。

向下流动的信息包括战略、目标和指令，许多组织利用协同技术和系统共享并传递这类信息。信息水平流动或者水平流动的信息是介于各职能业务部门和工作小组之间的。例如，学校各个系都要进行课程安排，这些信息会水平流向教务部门，然后形成全校的课程安排表（在网上学生可以随时随处获得它），而且协同技术和系统也支持信息的水平流动。

向外/向内流动的信息包括与顾客、供应商、经销商和其他商业伙伴交流的信息。这些信息流才是电子商务的实质。如今所有组织都不是孤立的，必须确保自己的组织拥有与外界所有商业伙伴沟通的信息技术工具。

信息粒度。说明了信息的另一个组织维度——粒度。信息粒度指的是信息详尽的程度。信息粒度由粗到细，粗粒度信息是指高度概括的信息，而细粒度信息则是非常具体的信息。组织中最高层处理的都是粗粒度信息，如年销售量；而组织的最底层需要的则是细粒度信息。以销售为例，非管理层需要的是描述每笔交易的具体信息——交易发生的时间、现金支付还是信用卡支付、销售人员是谁、顾客是谁等。

因此，组织最底层产生的交易信息（细粒度）在信息的向上流动过程中相互整合，从而具有粗粒状特征。

信息描述的内容。信息的另一个组织维度是信息所描述的内容。信息有可能是内部的或外部的、客观的或主观的，也可能是几者兼而有之。

内部信息主要描述组织中特定业务的内容；外部信息描述了组织周围的环境；客观信息定量地描述了已被人们所知的事物；主观信息则试图描述当前还不为人所知的事物。

三、人力资源

任何组织中最重要的资源就是人。人（知识工作者）订立目标、执行任务并服务于顾客。特别是 IT 专家，他们还为组织提供了一个稳定可靠的技术环境，使组织能平稳运作并在市场中获得竞争优势。

（一）精通信息和技术

在企业中，最有价值的财产不是技术，而是人的头脑。IT 是一种能帮助人们加工处理信息的工具，但它只能在人的大脑支配下工作。例如，电子制表软件能帮助人们快速生成一张高质量图表，但它既无法告诉操作者该建立条形图还是饼状图，也不能帮助决策者决定是采用区域销售还是人员销售，这些都是需要人来完成的任务。这也正是在经济管理类专业中包括人力资源管理、会计学、金融学、市场营销学和生产运作管理等课程的原因所在。

尽管如此，技术对人们来说也是一个相当重要的工具。技术能提高人的工作效率，帮助人们更好地理解问题、剖析机会。因此，学习如何运用技术十分重要。同样，理解所处理的信息也相当重要。

一个精通技术的知识工作者懂得如何运用技术以及何时运用技术，即懂得应该购买什么技术，如何开发利用应用软件的优点，以及把各个企业连接起来需要怎样的技术基础等。

精通信息的知识工作者应当做到：

确定自己的信息需求；知道如何获得信息以及在哪里获得信息；理解信息的含义（例如，将信息转变为商务智能）；能够在信息的基础上采取适当的行动，以帮助组织获取最大利益。

（二）人的社会责任感

作为一名精通技术与信息的知识工作者，不仅要学会如何运用技术和信息来为组织获取利益，同时还必须认识到自己的社会责任：这就是道德的重要性所在。道德是一系列帮助指导人的行为、行动和选择的原则或标准。道德同法律的影响一样，但道德又不同于法律，法律会明确要求或禁止人们的某些行为，而道德则更多的是对个人或文化的诠释。因此，一项决策或行动可能的结果或期望的结果对不同的人来说可能会有对有错，所以，道德方面的决策是复杂的。

四、信息技术

信息技术是管理信息系统中的第三种重要资源。信息技术（IT）是指各种以计算机为基础的工具，人们用它来加工信息，并支持组织的信息需求和信息处理任务。因此，IT 包括用来获取股票价格的智能电话、移动终端、个人计算机、组织间互相沟通的大型网络以及因特网。

（一）信息技术的主要类型

信息技术有两种基本类型：硬件和软件。硬件通常是指组成计算机系统的物理设备；软件就是用来完成某个特定的任务，由计算机硬件执行的一系列指令。

（1）硬件。可以分为六类：输入设备、输出设备、存储设备、CPU（中央处理器）、RAM（随机存储器，即内存）、远程通信设备和连接设备。

输入设备是获取信息和指令的工具，包括键盘、鼠标、触摸屏、游戏杆、条形码阅读器和读卡器（用于读取信用卡及其他）。

输出设备是用来看、听或接收信息处理结果的工具，包括打印机、显示器和扬声器等。

存储设备是用来存储信息以备日后使用的工具，包括硬盘、闪存和 DVD（数字化视频光盘）等。

CPU 是解释并执行软件指令、协调其他硬件设备共同工作的硬件。

RAM 是临时保存正在处理的信息和 CPU 当前需要的系统和应用软件指令的存储器。

远程通信设备是用来与其他人或区域之间收发信息的工具。例如，上网使用的调制解调器就是一种远程通信设备。

连接设备包括连接打印机的并行端口、打印机与并行端口之间的连接线和内部连接设备等。

（2）软件。分为三大类：应用软件、系统软件和工具软件。

应用软件是帮助用户解决特定问题或完成特定任务的软件。

系统软件负责处理像技术管理与协调所有技术设备之间交互工作这类特定任务。系统软件包括操作系统软件和工具软件。操作系统软件是一种控制用户应用软件并管理硬件设备如何协调工作的系统软件。流行的个人操作系统软件包括 Microsoft Windows、Linux（开源操作系统）以及 UNIX 等。

工具软件是一种能为客户操作系统提供附加功能的软件。工具软件包括防病毒软件、屏幕保护软件、加密软件等。

（二）普适计算

在全球商业经济中，无论时间、地点、地理范围或语言文化如何，持续运作是必要的。对于任何希望取得成功的企业而言，构建一个能够在任何时间、任何地点以相同方式运作的技术平台和基础架构至关重要。这引出了普适计算的概念。

普适计算是一种计算技术观念，强调通过技术实现随时随地工作，并获取组织内外商业合作伙伴所需的信息。为了支持这一观念，分布式计算、共享信息和移动计算显得尤为重要。

（1）分布式计算是将计算功能分配到企业各个职能部门和知识工作者的计算机上的一种环境。由于价格低廉且功能强大的小型系统（如智能手机、笔记本电脑、台式电脑、小型计算机和服务器）的出现，分布式计算变得更加可行。技术架构也至关重要，例如集成中间件使得不同的计算机和网络能够相互交流并共享信息。

（2）共享信息是指组织将信息存储在一个集中地点，允许任何人访问和使用的一种环境。例如，共享信息允许销售部门的员工获取在制品的制造信息，以确定产品何时能发货。在学校，教务部门可以获取财政部门的信息，以确定通过奖学金或贷款，某学生可以减少多少学费。为了支持共享信息，大多数企业将信息保存在数据库中。实际上，数据库已成为企业组织信息并向所有人提供信息的标准。

（3）移动计算是一个广义术语，描述了使用技术进行无线连接以及在集中式地点访问信息和应用软件的能力。移动计算本质上是无线连接。例如，移动商务这一术语描述了利用移动电话、笔记本电脑等无线设备进行的电子商务。借助这些无线设备，用户即使在机场候机时也能买卖股票、查看天气预报、下载音乐、阅读电子邮件等。如今的商业是全球性的，已经打破了地理界限。我们需要无论身在何处都能进行移动计算，并通过无线方式获取信息和软件。

五、信息系统的管理角色——信息主管 CIO

信息系统的建设与应用不仅能有效提高组织的效益，更重要的是能实现一种先进的管理理念和管理思想。要达到这个目的，从管理者的角度出发，必须有一个能够对信息系统资源进行合理组织和有效配置，将信息系统建设与组织经营管理的目标紧密结合的高层管理人员，这就是信息主管（Chief Information Officer，CIO），中文意为"首席信息官"。

（一）CIO 的产生

事实上，CIO 这个职位是随着信息管理热潮的兴起而诞生的。自 20 世纪 80 年代起，为了确保信息资源的充分开发和有效利用，人们对信息管理问题给予了高度重视。为了从组织机构上保证和加强联邦政府各部门的信息资源管理活动，美国政府要求各部门设立 CIO 职位，并委派副部长或部长助理级官员担任此职，从较高层次上全面负责本部门信息资源的开发利用。

CIO 是一种新型的信息管理者，他们不同于一般的信息技术部门或信息中心的负责人，而是已进入公司最高决策层，相当于副总裁或副总经理的重要官员。CIO 的产生标志着现代企业管理从传统的人、财、物三要素管理走向人、财、物、信息四要素管理的新阶段，从战略高度充分开发信息资源。科学管理信息资源和有效利用信息资源已成为现代企业在全球市场竞争中取胜的关键。

（二）CIO 在组织管理中的地位和作用

CIO 的地位随着信息技术在企业中的价值而提升。实际上，CIO 的概念本身表明，这个职位是那些重视将信息技术作为发展企业核心竞争力的企业才应设立的。这些企业至少要在信息化方面做出战略发展规划，以长远发展的眼光来规划和实现自己的信息化目标。

在一个组织中，CIO 是全面负责信息工作的主管，但又不同于以往只是负责信息系统开发与运行管理的单纯技术型信息部门经理。作为组织高级管理决策层的一员，CIO 直接向最高管理决策者负责，并与总裁或首席执行官（Chief Executive Officer，CEO）、财务主管（Chief Financial Officer，CFO）一起构成组织的"CEO、CFO、CIO 三驾马车"。换句话说，CIO 是既懂信息技术又懂业务和管理，且身居要职的复合型人才。

推动组织信息化的复杂性表明，信息系统的实施应用往往是一把手工程，

CIO 只有成为 CEO 的得力助手，才能协调信息技术与业务部门的合作，帮助企业提升信息化水平。

按照这个要求，CIO 的基本职能包括：

（1）参与高层管理决策，引导企业在信息社会中保持竞争优势。作为组织管理决策的核心人物，CIO 有权参与组织的高层管理决策活动，运用自己掌握的信息资源帮助最高决策者制定组织发展的战略规划，通过充分有效地利用组织内外信息资源，寻求组织的竞争优势，或强化组织的竞争实力。同时，CIO 不应只是负责信息资源管理范围内的决策活动，还必须参与讨论组织发展的全局问题。为此，CIO 必须对影响整个组织生存与发展的各方面问题都有相当全面和清楚的了解。

（2）发掘企业信息资源的战略价值。作为统管整个组织信息资源的最高负责人，CIO 应根据组织发展战略的需要，及时制定或修改组织的信息政策与信息活动规划，以实现行政管理的战略意图。

（3）管理组织的信息流程，规范组织信息管理的基础标准。作为信息管理专家，CIO 要主持拟定组织信息流程的大框架，建立信息管理的基础标准，如数据元素标准、信息分类代码标准、用户视图标准、概念数据库标准和逻辑数据库标准等，改造杂乱无章的数据环境。实践证明，一个组织只有以数据集成为基础，以总体数据规划为中心，面向信息流程进行应用系统开发，才能取得好的结果。

（4）负责组织的信息系统建设规划与管理。作为组织信息系统建设的直接领导者，CIO 对信息系统的开发计划、运行管理、安全管理、人员配备、经费预算等进行宏观控制和协调，统筹考虑系统建设的硬件、软件和应用问题。此外，还要代表本单位与专业的信息系统开发者、技术设备提供商打交道，建立与技术服务商的"战略协作伙伴关系"，并根据组织的业务管理需要，对他们提出的信息技术"全套解决方案"进行审议。

（5）为组织经营管理提供有效的信息技术支持。管理和技术是当今组织发展的两大关键，管理问题相对稳定，而技术热点在迅速变化。作为信息专家，CIO 必须密切注意信息技术的发展变化，分析新技术对组织经营管理与竞争战略的影响，以便及时作出快速反应。

（6）评估信息技术的投资回报问题。面对众多的信息技术，CIO 必须研究信息技术对企业的价值回报问题，在信息技术投入和组织管理效益之间寻求某种平衡。这是 CIO 在现代组织日趋激烈的技术竞争中立于不败之地的重要条件。

（7）组织内部的宣传、咨询和培训。作为分管信息技术部门和信息服务部门的最高负责人，CIO 在行政管理层次上要宣传信息部门及人员的作用，让组织的高层领导充分认识到信息资源对组织发展的重要性，同时应指导高层管理人员更有效地利用组织内部和外部的信息资源，为他们提供信息或信息技术咨询服务。在运作层次上，CIO 要帮助信息技术人员以及所有用户转变观念和认识，对其意见、询问和求助给予良好反馈，同时还要认真做好各级信息系统使用者的培训工作。这实际上要求 CIO 积极维护组织的信息化环境。

（8）信息沟通与组织协调。CIO 作为一个跨技术、跨部门的高层决策者，应充分利用组织内外可以控制的信息资源，不断完善组织的信息基础结构，并注意协调好组织管理与信息技术的关系。CIO 应从组织管理的角度有意识地选择和运用信息技术，通过对信息资源的充分开发和有效利用来促进组织管理机制的变革和业务结构的调整甚至重组，从而提高组织的管理决策水平，增强组织的市场竞争力。

（三）CIO 的素质要求

美国信息产业协会在 20 世纪 70 年代末曾为信息经理制定了明确的职业标准要求。其中规定，信息经理的一般工作职责包括"规划、设计、完善、安装、运行、维护及控制人工信息系统和自动化信息系统；在不同管理层次上为团体用户和个人用户提供信息管理方面的建议和帮助"。

为此，信息部门的经理应具备以下素质：

（1）管理经验：作为一个高层管理者，CIO 必须具有多学科和交叉领域的职业技能，能运用信息科学的理论基础为各种层次的管理者和用户服务；对本行业的发展背景有全面的了解，对企业管理的目标有明确的认识，对经营决策和竞争环境的基本情况有充分的掌握，并且有丰富的管理实践经验。实践证明，一个成功的 CIO 至少需要 5～8 年的管理经验积累。

（2）技术才能：CIO 应具有一种或多种信息技术专长，具备为企业经营管理与竞争战略发展的需要推荐与开发新技术的能力，对信息技术的发展动向及其对企业的影响有敏锐的洞察力，富有远见和技术创新精神。

（3）经营头脑：CIO 的工作必须以提高企业的效益和竞争力为目标，因此，CIO 应具有经济方面的基本知识，如规划预算信息密集、资本密集、劳动密集产品的知识，以及在各种竞争性组织资源之间及内部进行权衡的能力。要有精明的商业经营头脑，了解信息技术在何时、何地、何种情况下能在哪些方面为企业带来关键作用，能够将信息技术投资及时转变为对企业的回报，这样才能在企业中树立起公认的有重大贡献的角色形象。

（4）信息素养：CIO 应具有强烈的信息意识和较高的信息分析能力，能够为企业高层的战略决策提供信息支持。特别是对于来自外界环境的大量模糊、零碎而杂乱的信息，应有高度的判别能力和挖掘信息价值的艺术，才能使自己的决策能力达到战略决策的水平。

（5）应变能力：面对日新月异的信息技术和急剧变化的竞争环境，CIO 要有较强的应变能力，能够抓住转瞬即逝的机遇，对各种变化做出迅速及时的反应。CIO 还应有良好的心理素质，能承担来自技术和环境变化的压力，具有敢于迎接各种困难和挑战的勇气。

（6）表达能力：CIO 必须具备良好的口头和文字表达能力，能够将看似深奥的信息技术向高层管理决策者和基层业务人员解释清楚。特别是对于非技术型用户，要尽量避免使用技术性术语。

（7）协调能力：作为企业信息流的规划者，CIO 要善于协调企业内部各层次、各部门、各环节的关系以及与其协作伙伴的关系。要有良好的人际关系和广泛的亲和能力，善于对话和沟通，能够适应企业的文化和传统，使信息技术与管理体制相得益彰。

（8）领导能力：CIO 要有领导威信和支配企业信息资源的权力，能建立一个有效的信息资源管理团队，既能指挥信息部门的工作，也能对企业的信息政策和策略起领导作用。

CIO 在企业管理中的地位和职能决定了他/她应该具备比信息经理更高水平的素质要求。一个合格的 CIO 必须是管理与技术两方面的全能型人物。总体来说，CIO 的组织管理水平比他的信息技术才能更重要，这也是与其所处的管理地位相对应的，因为 CIO 的职能与一般中层的信息部门经理不同。

第二节　大数据时代与大数据

信息社会所带来的好处是显而易见的：每个人口袋里有一部手机，每台办公桌上放着一台计算机，每间办公室内连接到局域网甚至互联网。半个世纪以来，随着计算机技术全面和深度地融入社会生活，信息爆炸已经积累到了一个开始引发变革的程度。它不仅使世界充斥着比以往更多的信息，而且其增长速度也在加快。信息总量的变化还导致了信息形态的变化——量变引起了质变。最先经历信息爆炸的学科，如天文学和基因学，创造出了"大数据"这个概念。如今，这个概念几乎应用到了所有人类致力于发展的领域中。

一、天文学——信息爆炸的起源

综合观察社会各个方面的变化趋势，我们能真正意识到信息爆炸或者说大数据的时代已经到来。以天文学为例，2000 年斯隆数字巡天项目启动时，位于新墨西哥州的望远镜在短短几周内收集到的数据，就比世界天文学历史上总共收集的数据还要多。到了 2010 年，信息档案已经高达 1.4×2^{42} B。2016 年在智利投入使用的大型视场全景巡天望远镜能在五天之内就获得同样多的信息。

天文学领域发生的变化在社会各个领域都在发生。2003 年，人类第一次破译人体基因密码时，辛苦工作了 10 年才完成了 30 亿对碱基对的排序。大约 10 年之后，世界范围内的基因仪每 15 分钟就可以完成同样的工作。在金融领域，美国股市每天的成交量高达 70 亿股，而其中 2/3 的交易都是由建立在数学模型和算法之上的计算机程序自动完成的，这些程序运用海量数据来预测利益和降低风险。

二、大数据的定义

所谓大数据，狭义上可以定义为：用现有的一般技术难以管理的大量数据的集合。对大量数据进行分析，并从中获得有用观点，这种做法在一部分研究机构和大企业中，过去就已经存在。现在的大数据和过去相比，主要有三点区别：第一，随着社交媒体和传感器网络等的发展，产生出大量且多样的数据；第二，随着硬件和软件技术的发展，数据的存储、处理成本大幅下降；第三，随着云计算的兴起，大数据的存储、处理环境已经没有必要自行搭建。

所谓"用现有的一般技术难以管理"，是指用目前在企业数据库占据主流地位的关系型数据库无法进行管理的、具有复杂结构的数据。或者也可以说，是指由于数据量的增大，导致对数据的查询（Query）响应时间超出允许范围的庞大数据。

研究机构给出了这样的定义："大数据"是需要新处理模式才能具有更强的决策力、洞察发现力和流程优化能力的海量、高增长率和多样化的信息资产。

相关学者说："大数据指的是所涉及的数据集规模已经超过了传统数据库软件获取、存储、管理和分析的能力。这是一个被故意设计成主观性的定义，并且是一个关于多大的数据集才能被认为是大数据的可变定义，即并不定义大于一个特定数字的数据才叫大数据。因为随着技术的不断发展，符合大数据标准的数据集容量也会增长；并且定义随不同的行业也有变化，这依赖于在一个特定行业通常使用何种软件，数据集有多大。因此，大数据在今天不同行业中的范围可以从几十太字节到几拍字节。"

三、用 3V 描述大数据特征

从字面来看，"大数据"这个词可能会让人觉得只是容量非常大的数据集合而已。但容量只不过是大数据特征的一个方面，如果只拘泥于数据量，就无法深入理解当前围绕大数据所进行的讨论。因为"用现有的一般技术难以管理"这样的状况，并不仅仅是由于数据量增大这一个因素所造成的。可以用 3 个特征相结合来定义大数据：数量（Volume，或称容量）、种类（Variety，或称多样性）和速度（Velocity），简称 3V，即庞大容量、极快速度和种类丰富的数据。

（一）数量（Volume）

用现有技术无法管理的数据量，从现状来看，基本上是指从几十太字节到几拍字节这样的数量级。当然，随着技术的进步，这个数值也会不断变化。

（二）种类（Variety）

随着传感器、智能设备以及社交协作技术的激增，企业中的数据也变得更加复杂，因为它不仅包含传统的关系型数据，还包含来自网页、互联网日志文件（包括点击流数据）、搜索索引、社交媒体论坛、电子邮件、文档、主动和被动系统的传感器数据等原始、半结构化和非结构化数据。

（三）速度（Velocity）

数据产生和更新的频率，也是衡量大数据的一个重要特征。就像人们收集和存储的数据量和种类发生了变化一样，生成和需要处理数据的速度也在变化。不要将速度的概念限定为与数据存储相关的增长速率，应动态地将此定义应用到数据，即数据流动的速度。有效处理大数据需要在数据变化的过程中对它的数量和种类进行分析，而不只是在它静止后执行分析。

四、广义的大数据

狭义上，大数据的定义着眼点在于数据的性质，下面在广义层面上再为大数据下一个定义。

所谓大数据，是一个综合性概念，它包括因具备 3V 特征而难以进行管理的数据，对这些数据进行存储、处理、分析的技术，以及能够通过分析这些数据获得实用意义和观点的人才和组织。

"存储、处理、分析技术"指的是用于大规模数据分布式处理的框架 Hadoop、具备良好扩展性的 NoSQL 数据库，以及机器学习和统计分析等；"能够通过分析这些数据获得实用意义和观点的人才和组织"指的是目前十分紧俏的"数据科学家"这类人才，以及能够对大数据进行有效运用的组织。

第三节　大数据的结构类型

大数据具有多种形式，从高度结构化的财务数据，到文本文件、多媒体文件和基因定位图等各种数据，都可以称为大数据。数据量大是大数据的一个一致特征。由于数据自身的复杂性，处理大数据的首选方法是在并行计算环境中进行大规模并行处理（Massively Parallel Processing，MPP），这使得并行摄取、并行数据装载和分析成为可能。实际上，大多数大数据都是非结构化或半结构化的，这需要不同的技术和工具来处理和分析。

大数据最显著的特征是其结构。有四种不同的数据类型，这些类型有时可以混合在一起。例如，一个传统的关系数据库管理系统可能保存着一个软件支持呼叫中心的通话日志，其中包含典型的结构化数据，如日期/时间戳、机器类型、问题类型、操作系统，这些都是在线支持人员通过图形用户界面上的下拉式菜单输入的。此外，还有非结构化或半结构化数据，如自由形式的通话日志信息，这些可能来自包含问题的电子邮件，或者技术问题和解决方案的实际通话描述。另一种可能是与结构化数据相关的实际通话的语音日志或音频文字实录。即使现在，大多数分析人员仍然难以分析这种通话日志历史数据库中最普通和高度结构化的数据，因为挖掘文本信息是一项复杂且难以自动化的任务。

人们通常最熟悉结构化数据的分析，然而，半结构化数据（如 XML）、准结构化数据（如网站地址字符串）和非结构化数据代表了不同的挑战，需要不同的技术来分析。

第四节　大数据的发展

如果仅仅从数据量的角度来看，大数据在过去就已经存在了。例如，波音的喷气发动机每 30 分钟就会产生 10 TB 的运行信息数据，安装有 4 台发动机的大型客机，每次飞越大西洋就会产生 640 TB 的数据。世界各地每天有超过 2.5 万架飞机在运行，由此可见其数据量之庞大。生物技术领域的基因组分析，以及以 NASA（美国国家航空航天局）为中心的太空开发领域，很早就开始使用昂贵的高端超级计算机来处理和分析庞大的数据。

现在与过去的不同之一在于，大数据不仅在特定领域中产生，还广泛存在于人们的日常生活中。而且，尽管人们无法获取所有数据，但大部分数据可以通过公开的 API（应用程序编程接口）相对容易地进行采集。在 B2C（商家对顾客）企业中，使用文本挖掘（Text Mining）和情感分析等技术，可以分析消费者对自家产品的评价。

一、硬件性价比提高与软件技术进步

1. 计算机性价比的提高

承担数据处理任务的计算机，其处理能力一直遵循摩尔定律在不断进化。

摩尔定律是由美国英特尔公司共同创始人之一的高登·摩尔（Gordon Moore）于 1965 年提出的一个观点，即"半导体芯片的集成度大约每 18 个月会翻一番"。

2. 磁盘价格的下降

除了 CPU 性能的提高，硬盘等存储器（数据的存储装置）的价格也显著下降。不仅价格有所下降，存储器在重量方面也取得了巨大进步。1982 年，日立最早开发的超 1 GB 级硬盘驱动器（容量为 1.2 GB），重量约为 250 磅（约合 113 kg）。而现在，32 GB 的微型 SD 卡重量却只有 0.5 g 左右，技术进步的速度相当惊人。

3. 大规模数据分布式处理技术 Hadoop 的诞生

Hadoop 是一种可以在通用服务器上运行的开源分布式处理技术，它的诞生成为当前大数据浪潮的第一推动力。如果只是结构化数据不断增长，用传统的关系型数据库和数据仓库，或其衍生技术，可以进行存储和处理，但这些技术无法处理非结构化数据。Hadoop 的最大特点是能够对大量非结构化数据进行高速处理。

二、云计算的普及

大数据的处理环境在很多情况下并不一定需要自行搭建。例如，使用云计算服务 EC2（Elastic Compute Cloud）和 S3（Simple Storage Service），可以在无须自行搭建大规模数据处理环境的前提下，以按用量付费的方式使用由计算机集群组成的计算处理环境和大规模数据存储环境。此外，在 EC2 和 S3 上还利用预先配置的 Hadoop 工作环境提供了 EMR（Elastic Map Reduce）服务。利用这样的云计算环境，即使是资金不太充裕的创业型公司，也可以进行大数据分析。

三、从交易数据分析到交互数据分析

对交易数据（如"卖出了一件商品""一位客户解除了合同"）中的"点"信息进行统计还不够，我们希望获得的是"为什么卖出了这件商品""为什么这个客户离开了"这样的上下文（背景）信息。而这些信息需要从与客户之间产生的交互数据这种"线"信息中来探索。以非结构化数据为中心的大数据分析需求的不断高涨，也正是这种趋势的一个反映。

举个例子，如果知道通过点击站内广告最终购买产品的客户比例较高，那么针对其他客户，可以根据其过去的点击记录来展示他可能感兴趣的商品广告，从而提高其最终购买商品的概率。或者，如果知道很多用户都会从某一个特定的页面离开网站，就可以下功夫来改善这个页面的可用性。通过交互数据分析所得到的价值非常大。

对于消费品公司来说，可以通过客户的会员数据、购物记录、呼叫中心通话记录等数据来寻找客户解约的原因。最近，随着"社交化 CRM"呼声的高涨，越来越多的企业开始利用微信等社交媒体来提供客户支持服务。上述这些都是表现与客户之间交流的交互数据，只要推进对这些交互数据的分析，就可以越来越清晰地掌握客户离开的原因。

一般来说，网络上的数据比真实世界中的数据更容易收集，因此来自网络的交互数据也得到了越来越多的应用。不过，随着传感器等物态探测技术的发展和普及，在真实世界中对交互数据的利用也将不断推进。

例如，在超市中，可以将植入购物车中的 IC 标签收集到的顾客行动路线数据与 POS 等销售数据相结合，从而分析出顾客买或不买某种商品的原因，这样的应用已经开始出现。进一步讲，今后更为重要的是对连接网络世界和真实世界的交互数据进行分析。在市场营销的世界中，O2O（Online to Offline，线上到线下）已经逐步成为一个热门的关键词。所谓 O2O，就是指网络上的信息（在线）对真实世界（线下）的购买行为产生的影响。例如，很多人在准备购买一种商品时会先到评论网站去查询商品的价格和评价，然后再到实

体店去购买该商品。

在 O2O 中，网络上的哪些信息会对实际到店顾客的消费行为产生关联，对这种线索的分析，即对交互数据的分析，显得尤为重要。

第五节　大数据时代的管理信息

大数据技术的战略意义不在于掌握庞大的数据信息，而在于对这些含有意义的数据进行专业化处理。换言之，如果把大数据比作一种产业，那么这种产业实现盈利的关键在于提高对数据的"加工能力"，通过"加工"实现数据的"增值"，这无疑对大数据时代的管理信息系统的开发与应用提出了更高的要求。

一、对数据的大范围收集

对客户相关数据进行大范围的收集，并使之对客户服务产生价值，这方面的工作，在一部分先进企业中几年前就已经开始进行了。

二、连接开放数据

在大数据时代，一方面国家、地方政府等公职机关不断努力强化开放数据；另一方面，民间组织为了促进数据的顺利流通，也设立了数据的交易场所——数据市场。

所谓数据市场，就是将人口统计、环境、金融、零售、天气、体育等数据集中到一起，使其能够进行交易的机制。换句话说，就是数据的一站式商店。

数据市场的基本功能包括收费、认证、数据格式管理、服务管理等，在所涉猎的数据对象、数据丰富程度、收费模式、数据模型、查询语言、数据工具等方面则各有不同。

三、关键角色职责

（一）系统分析员

系统分析员的主要职责是充当用户和系统其他开发人员之间的桥梁和接口，是系统开发的核心人物。作为系统分析员，首先，要负责了解用户的想法和需求，并运用自身所具有的计算机专业知识及正确的开发方法，在头脑中形成一个明确的概念，确立出系统应具有的逻辑功能，然后用适当的工具和方法将其表达出来，形成信息系统的逻辑方案。这个方案既要充分满足用户的需求并与用户取得共识，同时又要能够使系统设计员、程序设计员依此进行系统设计和实施。其次，要充分代表用户的利益，负责对系统设计员、程序设计员的工作成果进行评审，看其是否符合逻辑方案中的总体功能要求。最后，在系统测试阶段要与用户共同制定测试标准、制定测试计划、准备测试数据，并通过系统的全面测试对系统的性能加以评审，看其是否达到预期的目标，还应该有哪些改进等。

（二）硬件网络设计员

负责依据新系统逻辑方案中提出的对硬件网络的基本要求，制定硬件网络配置方案，并负责该方案的全部实施工作。

（三）数据管理员

负责依据系统逻辑方案中提出的数据需求进行数据库的设计、定义和存储工作，负责在系统运行中监督和控制数据库的运行以及数据库的维护和改进工作。

（四）系统设计员

负责依据系统逻辑方案以及实现系统的硬件、软件环境进行系统的总体设计、模块设计以及模块间接口的设计工作。

（五）程序设计员

负责依据系统逻辑方案进行系统的程序设计，实现方案中的各项功能，负责进行用户的使用培训工作，负责系统的测试和试运行。

总之，信息系统的开发必须在上述各类人员的共同努力下才能完成。为此要做好这些开发人员的组织和协调工作，必须通过一个项目领导小组来实现。有充分理由要求这个领导小组的组长要由企业或组织的高层领导来担任，小组的成员由企业或组织中的各项管理专家以及懂得系统开发方法并有组织能力的系统开发专家组成。由这个小组组织各类人员从事系统开发工作，并负责协调用户之间、用户与开发人员之间、开发人员之间的各种关系。

第六章　信息管理系统综述

从信息管理的层次性方面考虑，信息系统管理应该属于中观信息管理层次。信息系统的理解应该有两个角度：一方面作为技术的信息系统，如 MIS，ERP 等；另一方面应该将它理解为与社会信息行业相关的行政隶属关系系统，如咨询行业系统、科技信息研究系统等，都被称之为与信息行业有关的、独立于其他社会行业的信息系统。在本章中所讲的信息系统，应该理解为技术角度的信息系统。

第一节　信息系统概述

随着现代科学技术的迅猛发展，人类社会逐步向信息时代迈进，人类认识和理解客观世界的能力和手段都发生了显著变化。自 20 世纪 90 年代以来，管理理论不断演进，借助于技术手段加强管理的新理论应运而生；同时，计算机技术和网络技术的飞速发展，使得与组织管理密切相关的信息系统领域不断展现出技术手段与管理思想相结合、并重的特点。

一、信息系统的概念

在国外，谈到信息系统（Information System，IS），通常是指管理信息系统（Management Information System，MIS）。管理信息系统是一个涵盖面很广的概念。劳登教授在其所著《管理信息系统》（第四版）一书中指出："信息系统从技术上可以定义为支持组织决策和控制而进行信息收集、处理、存储和分配的相互关联部件的集合。"从这个定义中可以看出，这里所说的信息系统实际上就是管理信息系统。

在我国，由于电子技术类专业首先使用了"信息系统"这一名词，使得国内对信息系统的理解与国外有所不同。典型的区别在于，国内将纯粹的通信系统或信息传输系统也统称为信息系统，而管理信息系统的学者则认为那只是硬件和软件的结合，对信息系统的理解不够全面。如今，越来越多的学者认为信息系统是广义上的管理信息系统，而狭义上的管理信息系统主要指用于管理领域的信息系统。

信息系统是指依据系统的观点，通过计算机、网络等现代化工具和设备，运用数学的方法，服务于管理领域的人机相结合的信息处理系统。它通过对信息进行采集、处理、存储、管理、检索和传输，向有关人员提供有用的信息。

二、信息系统的功能

信息系统被应用于管理领域后，其所实现的功能应该是多方面的。综合起来看，一个完善的信息系统应具备以下几个主要功能：

（一）信息采集

信息系统将分布在各部门、各处、各点的相关信息收集起来，记录其数据，并将其转换为信息系统所需的形式。信息采集有多种方式和手段，如人工录入数据、网络获取数据、传感器自动采集等。对于不同时间、地点、类型的数据，需要按照信息系统所需的格式进行转换，形成信息系统中可以交换和处理的形式。这是信息处理的基础，是整个信息系统能否发挥作用的关键。

（二）信息处理

对进入信息系统的数据进行加工处理，如账务的统计、结算、预测分析等，都需要对采集录入的大量数据进行数学运算，从而得到管理所需的各种综合指标。信息处理的数学含义包括：排序、分类、归并、查询、统计、预测、模拟，以及各种数学运算。现代化的信息系统依靠不同规模的计算机来处理数据，且处理能力越来越强。信息加工处理是信息系统的核心功能。

（三）信息存储

数据被采集进入系统，经过加工后形成对管理有用的信息，然后由信息系统负责对这些信息进行存储保管。当组织规模庞大时，需存储的信息量很大，就必须依靠先进的存储技术。此时，涉及物理存储和数据的逻辑组织两个问题。物理存储是指将信息存储在适当的介质上；逻辑组织是指按照信息的逻辑内在联系和使用方式，将大量信息组织成合理的结构，这通常依赖于数据存储技术。

（四）信息管理

一个系统中要处理和运行的数据量很大，如果不加区分地采集和存储所有数据，系统将变成"数据垃圾箱"。因此，对信息要加强管理。信息管理的主要内容包括：规定应采集数据的类型、名称、代码等，规定应存储数据的存储介质、逻辑组织方式，规定数据传输方式、保存时间等。

（五）信息检索

存储在各种介质中的庞大信息需要让使用者便于查询。信息检索要求查询方法简便、易于掌握，响应速度满足要求。信息检索通常依赖数据库技术和方法，数据库的组织方式和检索方法决定了检索速度的快慢。

（六）信息传输

从采集点采集到的数据需要传送到处理中心，经加工处理后的信息需要送到使用者手中，以及部门使用存储在中心的信息等，这些都涉及信息的传输问题。系统规模越大，传输问题越复杂。

三、信息系统的类型

由于信息系统主要应用于管理领域，而管理活动可以根据不同的标准分为多种类型，因此，对于信息系统来说，可以根据不同的划分方法分为不同的类型。

（一）按行政级别划分

可以分为国家信息系统、省市级信息系统等。例如，中国教育管理信息系统是国家经济社会管理信息系统的一个子系统，中国高等教育管理信息系统是中国教育管理信息系统的一个子系统。

（二）按行业划分

可以分为电力工业信息系统、农业信息系统、商业信息系统、交通信息系统等。例如，电力生产信息系统是电力工业信息系统的一个子系统，燃料管理信息系统则是电力生产信息系统的一个子系统。

（三）按处理事务或承担职能划分

可以分为生产信息系统、经济信息系统、军事信息系统、研发信息系统、人力资源管理信息系统等子系统。每个子系统又可包含高层辅助决策、中层管理控制和基层业务处理三个层次。

（四）按功能和解决主要问题划分

可以分为电子数据处理系统（Electronic Data Processing Systems，EDPS）、管理信息系统（Management Information System，MIS）、办公自动化系统（Office Automation Systems，OAS）、决策支持系统（Decision Support System，DSS）、企业资源规划（Enterprise Resource Planning，ERP）、电子商务等。

第二节 办公自动化系统

办公自动化（Office Automation，OA）是 20 世纪 70 年代首先在经济发达国家兴起的一门技术科学。随着信息时代的到来和现代科学技术的迅猛发展，尤其是计算机技术、通信技术以及自动化技术的飞速进步，OA 逐渐成为人们关注的焦点。OA 通过资源共享、协同工作、决策支持等功能，极大地提升了办公效率和科学决策水平。

OA 涉及行为科学、社会学、管理科学、系统工程学、人机工程学等多种学科，并以计算机、通信、自动化等技术为支撑，将各种先进设备和软件功能紧密结合，成为信息社会的重要标志之一。

一个完备的办公自动化系统由先进的软件技术和现代化的办公设备构成，能够快速、有效地处理、管理和传递办公信息，是协助行政管理人员协调部门间、企业与环境间关系，保障信息畅通的有力工具。随着工业化经济向信息化经济的转变，企业的生产效率及整体经济实力越来越依赖于办公自动化系统。

一、办公自动化系统的发展

办公自动化系统的发展经历了三个阶段。第一代 OA 系统是以数据为核心的传统管理信息系统（MIS），基于文件系统和关系数据库，强调对数据的计算和统计能力，其贡献在于将 IT 技术引入办公领域，提高了文件管理水平。

第二代 OA 系统以工作流为中心，随着网络技术的发展，软件技术也发生了巨大变化。第二代 OA 系统以电子邮件、文档数据库管理、目录服务、群组协同工作等技术为支撑，实现了对人、事、文档、会议的自动化管理。与第一代相比，第二代系统具有以网络为基础、以工作流自动化为主要技术手段的特点。

第三代 OA 系统建立在企业 Internet 平台之上，旨在实现动态的内容和知识管理，帮助企业在协作中不断获取学习机会。第三代 OA 系统的核心是知识管理，不仅模拟和实现了工作流的自动化，还模拟和实现了工作流中每个单元和工作人员运用知识的过程。其特点包括实时通信、信息广泛集成的内容编目、知识门户的构建。

综上所述，OA 系统的发展经历了从以数据为核心到以信息流为核心，再到以知识为核心的过程。知识贯穿于各种信息交流方式，从简单的电子邮件、群件与协作，到构建 Web 应用，其核心目的都是为了获取和应用知识。知识的运用效果直接影响企业的综合发展实力。第三代 OA 系统帮助企业从"How To"的过程转向"Know"的过程，使办公自动化系统从模拟手工作业向改变并提高手工作业效率过渡。

二、办公自动化系统的特征

第三代 OA 系统是集信息处理、业务流程和知识管理于一体的应用系统。它以知识管理为核心，提供丰富的学习功能和知识共享机制，使员工能够在系统中从被动向主动转变，从而提高企业运作效率。

第三代 OA 系统的核心是知识管理，具有以下几个明显特征。

（1）功能丰富的数据信息处理：集成各种信息数据，包括电子邮件、文件系统、关系数据库、数据仓库，以及 Internet 数据。

（2）协同工作手段：利用多线程讨论、文档共享、电子邮件等工具提供在线协同应用。

（3）知识管理的平台与门户：将知识管理原则与实践融入员工的日常工作中。

三、办公自动化系统的功能

办公自动化系统的主要功能包括以下几点。

（1）内部通信平台：建立组织内部的通信系统，确保信息交流畅通。

（2）信息发布平台：建立内部信息发布和交流场所，如电子公告、论坛、刊物等。

（3）文档管理自动化：实现文档的计算机辅助管理，提高文档管理的效率和利用率。

（4）工作流程自动化：实现工作流程的实时监控和协同工作，提高协同效率。

（5）日常事务处理：包括会议管理、车辆管理、物品管理等日常事务的自动化处理。

（6）决策支持：集成信息，提供多层面、多角度的分析，提高决策能力。

四、办公自动化系统的层次分类

办公自动化系统根据功能可分为三个层次。

（1）事务型 OA 系统（BOA）：支持日常办公事务处理，包括文字处理、文件收发、邮件处理、日程安排等。

（2）管理型 OA 系统：支持管理控制活动的信息管理，处理经济、社会和公文信息流。

（3）决策型 OA 系统：支持决策活动，提供决策方案建议和参考资料，协助优选最佳方案。

五、我国办公自动化系统的现状

办公自动化在我国取得了显著成果，已成为政府和企业信息化建设的重要组成部分。它不仅提高了办公效率，还促进了知识的共享与利用，推动了整体经济实力的提升。我国 OA 系统的发展正朝着更加智能化、集成化的方向迈进。

六、办公自动化系统的展望

智能化办公、无纸化办公的呼声在国内政府部门和企业内部日益高涨。随着计算机和网络技术的飞速发展，众多计算机应用软件应运而生，为政府部门和企业机构利用软件群件技术进行联合协同工作提供了良好的智能化办公环境。随着计算机信息技术、网络通信及诸如电视、电话、传真等高新技术的发展，人与人之间的联系更加紧密，工作节奏也逐渐加快。如何更有效地共享信息，如何进一步提升工作效率，以及如何实现人与人之间的完美协同工作等系列问题日益受到人们的重视。因此，对办公自动化系统提出了更高的要求，要求其进一步发展成为办公信息系统（Office Information System, OIS）。这样不仅能够满足办公者处理日常繁琐事务的需求，还能为决策者提供决策支持、专家咨询等智能服务，实现行政机关的办公现代化、信息资源化、传输网络化和决策科学化，为管理人员办公和领导决策提供有力支持。

（一）我国未来政府办公自动化系统的功能和特点

从我国政府办公自动化建设和应用情况的初步调查来看，未来政府办公自动化系统将以知识管理为核心，具体呈现以下功能和特点。

（1）具备强大的数据信息处理功能。面向知识管理的办公自动化系统将集成各类信息数据，不仅包括电子邮件信息，还包括文件系统中的文件、传统的关系型数据库数据、数据仓库中的数据，以及互联网上的各类数据。

（2）具备多种共享方式和强大的共享能力。充分利用各种协同工作手段，包括多线程讨论、文档共享、电子邮件及一些辅助工具，提供在线即时共享；此外，还将提供不同层面的信息共享方式，如移动通信设备的支持、手机的WAP接入访问、PDA的支持等。

（3）办公自动化系统作为"知识管理"的平台。面向知识管理的办公自动化系统逐步将知识管理原则与实践融入每个员工的日常工作中，不仅模拟和实现了工作流的自动化，更模拟和实现了工作流中每一个单元和每一个工作人员运用知识的过程。

（4）集中体现在政府业务流程优化、管理和决策水平提升方面。目前我国政府OA目标主要体现在提高政府办公效率，如手工作业精简、文档电子化、公文自动流转等，而后台办公流程和组织结构基本沿用原有模式，管理水平提升有限。

（二）政府办公自动化目标

办公自动化是我国政府信息化的首要目标，也是建设电子化政府的前提。政府在推进政府信息化的过程中，应将办公自动化置于首要地位，并根据资金状况，制定实现办公自动化的整体方案和分步实施的目标。在此基础上，按照政府的统一规划，尽快使政府各主要机关和部门实现办公自动化。只有多数政府部门和机构实现办公自动化，电子化政府才能真正发挥作用。目前，我国政府已建立的网站整体上较为简单。因此，在建设电子化政府的过程中，首先需要对现有的政府主页进行重新设计和构建，使其能为企事业单位、民众获取政府信息，并直接在网上接受政府提供的各种服务，提供一个统一的网络平台。

第三节　管理信息系统

1970 年，"管理信息系统"一词首次出现，相关学者给出了一个定义："以书面或口头的形式，在合适的时间向经理、职员以及外界人员提供过去的、现在的并预测未来的有关企业内部及其环境的信息，以帮助他们进行决策。"这个定义出自管理领域，而非计算机技术领域；它没有强调一定要用计算机，而是强调了用信息支持决策，但没有强调应用模型，这均显示了该定义的初始性。此时正值管理信息系统的第一个模型——物料需求计划（Material Requirements Planning，MRP）的形成和发展时期。进入 20 世纪 80 年代，制造资源计划（Manufacturing Resource Planning，MRP Ⅱ）开始形成。

1985 年，管理信息系统的创始人给出了一个较完整的定义："它是一个集成了计算机硬件和软件、手工作业、分析、计划、控制和决策模型以及数据库的用户—机器系统。它能提供信息，具有支持企业或组织的运行、管理和决策功能。"这个定义全面地说明了管理信息系统的目标、功能和组成，并反映了当时已达到的水平。它说明了管理信息系统在高、中、低三个层次上支持管理活动。

我国管理信息系统一词出现于 20 世纪 70 年代末 80 年代初，根据我国的现实情况，许多从事管理信息系统工作的学者给管理信息系统下了一个定义："管理信息系统是一个由人、计算机等组成的，能进行信息的收集、传送、储存、加工、维护和使用的系统。管理信息系统能实测企业的各种运行情况；利用过去的数据预测未来；从企业全局出发辅助企业进行决策；利用信息控制企业的行为；帮助企业实现其规划目标。"这个定义也被收录到《中国企业管理百科全书》中。《管理现代化》一书中将管理信息系统定义为："管理信息系统是一个由人、机械（计算机等）组成的系统，它从企业的全局出发辅助企业进行决策；它利用过去的数据预测未来；它实测企业的各种功能情况；它利用信息控制企业行为，以期达到企业的长远目标。"

随着支持管理信息系统的环境和技术发生了很大变化，对管理信息系统定义的描述也在不断变化。企业外部的新情况包括：经济全球化、市场全球化、需求多元化、竞争激烈化；企业内部则是：管理过程化、职能综合化、组织扁平化、战略短视化、增值知识化。一切事物变化加快，企业不得不更加重视变化管理和战略管理。由此，我们可以对管理信息系统做出一个更合适的定义：

管理信息系统是一个以人为主导，利用计算机硬件、软件、网络通信设备以及其他办公设备，进行信息的收集、传输、加工、储存、更新和维护，以企业战略竞争、提高效益和效率为目的，支持企业高层决策、中层控制、基层运作的集成化的人机系统。

从这个定义中可以看出，管理信息系统绝不仅仅是个技术系统，而是把人包括在内的人机系统，因而它是个管理系统，也是个社会系统。

一、管理信息系统模型及其发展

管理信息系统经历了近半个世纪的发展，已日趋成熟。20 世纪 60 年代中期以后，物料需求计划（MRP）的成功推出是一个标志性的里程碑。从 MRP 到以物料需求计划为核心的闭环 MRP 系统，再到 20 世纪 70—80 年代的制造资源计划（MRPⅡ），进而发展到 20 世纪 90 年代的企业资源计划（Enterprise Resource Planning，ERP）系统。在 ERP 基础上，又产生了两个重要分支：客户关系管理（Customer Relationship Management，CRM）和供应链管理（Supply Chain Management，SCM）。

（一）物料需求计划（MRP）

20 世纪 60 年代初，计算机首次应用于库存管理，这标志着制造业的生产管理与传统方式相比产生了质的变革。与此同时，在美国出现了新的库存与计划控制方法——计算机辅助编制的物料需求计划，即 MRP。20 世纪 60 年代中期，美国约瑟夫·奥列基博士提出了"独立需求"和"相关需求"的概念，改变了传统的物料管理模式。特别是计算机的出现使得利用这一思想开发出的物料需求计划 MRP 系统取得了巨大成功，有效改善和控制了物料的供应状况。后来，该系统发展为以物料需求计划为核心，既能适应产品生产计划的改变又能适应生产现场情况的闭环 MRP 系统。闭环 MRP 系统不仅包括物料需求计划，还将生产能力需求计划、车间作业计划和采购作业计划全部纳入，形成一个封闭的系统。

综上所述，MRP 是一种应用物料清单、库存数据、车间在制品数据以及主生产计划（MPS）来计算相关需求的技术。利用这种技术，可以较好地保证用户订单需求数量和交货日期。MRP 的基本内容是编制零件的生产计划和采购计划。

MRP 的基本任务：一是从最终产品的生产计划（独立需求）导出相关物料（原材料、零部件等）的需求量和需求时间（相关需求）；二是根据物料的需求时间和生产（订货）周期，确定其开始生产（订货）的时间。

（二）制造资源计划（MRPⅡ）

20世纪70年代末，随着闭环MRP在制造企业中被广泛应用并取得成功，其范围和功能进一步扩展，逐渐发展成为一个涵盖企业各个部门和全部生产资源的管理信息系统，即MRPⅡ。它不仅涉及企业的生产、库存、销售、财务、成本等部门，还涉及企业的经营计划，与企业的外部环境建立了联系。总的来说，MRPⅡ主要是一个着重于企业内部的管理信息系统，在企业的战略规划、市场和高层决策方面的功能相对较弱。

MRPⅡ是在模拟制造企业生产经营的基础上建立起来的一种管理模型。它本身并不是一个具体、确定的管理信息系统软件，而是一种适合于制造企业管理的思想，并根据这种思想对生产经营活动中的各种事务进行处理的逻辑。利用这种模型建立的MRPⅡ不仅可以精确地编制出企业未来的产品生产计划、物料需求计划、生产作业计划、人力及设备等资源需求计划，还可根据企业内部生产管理及外部环境的变化进行模拟分析，提供多种方案，供管理者决策，从而保证重要的生产经营活动正常、高效地运转。

制造资源计划MRPⅡ在MRP的基础上，增加了对企业生产中心、生产能力等方面的管理，实现计算机安排生产，形成以计算机为核心的闭环管理系统，以动态监察，产、供、销的全部生产过程。

（三）企业资源计划（ERP）

企业资源计划（Enterprise Resource Planning，ERP），是MRPⅡ的进一步发展。从管理范围来看，MRPⅡ面向企业的生产/制造部分，而ERP的管理范围则包含了整个企业的各个方面，包括财务、制造与人力三个大的职能区域。企业资源计划ERP是建立在信息技术基础上，以系统化的管理思想为企业决策层及员工提供决策运行手段的管理平台。ERP系统集信息技术与先进的管理思想于一身，成为现代企业的运行模式，反映了时代对企业合理调配资源、最大化地创造社会财富的要求，成为企业在信息时代生存和发展的基石。

首先，从软件功能上看，ERP 超越了 MRP Ⅱ 的集成范围，包括质量管理、实验室管理、流程作业管理、配方管理、产品数据管理、维护管理、管制报告和仓库管理等；其次，从软件应用环境上看，ERP 支持混合方式的制造环境，包括既可支持离散又可支持流程的制造环境、按照面向对象的业务模型组合业务过程的能力和国际范围内的应用；再次，从软件功能增强上看，ERP 支持能动的监察能力，包括整个企业内采用控制和工程方法、模拟功能、决策支持和用于生产分析的图形能力；最后，从软件支持技术上看，ERP 支持开放的客户机/服务器计算环境，包括 C/S 体系结构、图形用户界面（GUI）、面向对象技术、关系数据库、电子数据交换集成等。

（四）供应链管理（SCM）

从技术的角度来看，供应链管理（Supply Chain Management，SCM），是全方位的企业管理应用软件，可以帮助企业实现整个业务运作的全面自动化。SCM 是在 ERP 的基础上发展起来的，它把公司的制造过程、库存系统和货物供应商产生的数据合并在一起，从一个统一的视角展示产品建造过程和各种影响因素。供应链管理解决方案是随着互联网和电子商务的发展而发展起来的一种新型的管理系统，它涉及生产企业、分销商、零售企业、批发企业及客户等整个产品制造、销售的全部流程。使用它可同步且优化由用户驱动的产品流、服务流、信息流、资金流，以满足客户的需求，并在目标市场上获得最大的财务、运作和竞争优势。供应链管理的目标是通过贸易伙伴间的密切合作，以最小的成本和费用提供最大的价值和最好的服务，最终达到提高企业核心竞争力、获取最大生存空间和利润空间的目的。SCM 帮助管理人员有效分配资源，最大限度地提高效率和减少工作周期。

SCM 是指在生产和流通过程中，为将货物或服务提供给最终消费者，联结上游与下游企业创造价值而形成的组织网络，是对商品、信息和资金在由供应商、制造商、分销商和顾客组成的网络中流动的管理。它是在企业 ERP 基础上构筑的与客户及供应商的互动系统，实现产品供应的合理、高效以及高弹性。客户可以通过网络了解产品的供货周期、订单的执行情况等，企业则可即时了解客户的销售情况，提高决策执行的准确性、及时性，缩短供应链的运作周期，降低交易成本。对公司内和公司间的商品、信息、资金的流动进行协调和集成是供应链有效管理的关键。

（五）客户关系管理（CRM）

客户关系管理（Customer Relationship Management，CRM）的概念最初由 Gartner Group 提出，伴随着互联网和电子商务的大潮进入中国。对 CRM 的定义，目前还没有一个统一的表述，简单地说，CRM 是一个获取、保持和增加可获利客户的过程。就其功能来说，CRM 是通过信息技术，使企业市场营销、销售管理、客户服务和支持等经营流程信息化，实现客户资源有效利用的管理软件系统。其核心是以"客户为中心"，提高客户满意度，改善客户关系，从而提高企业的竞争力。

CRM 是一套先进的管理思想及技术手段，它通过将人力资源、业务流程与专业技术进行有效整合，最终为企业涉及客户或消费者的各个领域提供完美的集成，使得企业可以更低成本、更高效率地满足客户的需求，并与客户建立起基于学习型关系基础上的一对一营销模式，从而让企业最大限度地提高客户满意度及忠诚度，挽回失去的客户，保留现有的客户，不断发展新的客户，发掘并牢牢把握住能给企业带来最大价值的客户群。

CRM 的核心内容主要是通过不断改善并管理企业的销售、营销、客户服务和支持等与客户关系有关的业务流程，并提高各个环节的自动化程度，从而缩短销售周期、降低销售成本、扩大销售量、增加收入与盈利、抢占更多的市场份额、寻求新的市场机会和销售渠道，最终从根本上提升企业的核心竞争力，使得企业在激烈的竞争环境中立于不败之地。

CRM 将先进的思想与最佳的实践具体化，通过使用当前多种先进的技术手段，最终帮助企业实现以上目标。CRM 在整个客户生命周期中都以客户为中心，这意味着 CRM 将客户作为企业运作的核心。CRM 简化了各类与客户相关联的业务流程（如销售、营销、服务和支持等），并将其注意力集中于满足客户的需求上。CRM 还将多种与客户交流的渠道，如面对面、电话接洽以及 Web 访问等功能融为一体，这样，企业就可按照客户的喜好使用适当的渠道及沟通方式与之进行交流，并从根本上提高员工与客户或潜在客户进行交流的有效性。CRM 可以改善员工对客户的反应能力，并对客户的整个生命周期有一个更为全面的了解。与企业 ERP 系统直接集成在一起的 CRM 解决方案，使得企业可以通过一个闭环式的定义明确的步骤和流程来满足客户的需求，因此可以更好地抓住潜在客户和现有客户。

二、管理信息系统的特征

管理信息系统的特征主要表现在以下几方面：首先，管理信息系统是一个人机系统。在这个系统中，机器包括计算机硬件和软件、各种办公机械及通信设备，而人员则涵盖高层决策人员、中层职能人员和基层业务人员。系统中的工作部分由人来处理，部分由计算机系统处理，旨在使人与计算机系统和谐协作。其次，管理信息系统是一个综合系统。它不仅是人与技术的综合体，也是硬件与软件的综合体。系统包含了管理人员、系统分析人员、系统设计人员、程序员和工作人员等，同时也涵盖了计算机、通信工具、网络设备等各种硬件设备。在组织建设管理信息系统时，通常会根据需要逐步应用个别子系统，然后进行综合，最终实现管理信息系统的综合管理目标。这个综合的意义在于产生更高层次的管理信息，为管理决策服务。最后，管理信息系统是一个动态系统。作为软件产品，它具有生命周期的特点。随着组织外部环境和内部条件的变化，原有的管理信息系统可能不再满足需求，需要通过不断改进和维护来延长其生命周期。当最终无法进行维护更新时，需要在新的条件和环境下开发新的管理信息系统。

三、管理信息系统的结构

管理信息系统的结构是指各部件的构成框架，由于对部件的理解不同，构成了不同的结构方式。

（一）管理信息系统的概念结构

从概念上看，管理信息系统由四大部件组成：信息源、信息处理器、信息用户和信息管理者。信息源是信息的产生地；信息处理器负责信息的传输、加工、保存等任务；信息用户是信息的使用者，并利用信息进行决策；信息管理者负责信息系统的设计实现，以及在实现之后对信息系统的运行和协调。

在实际的管理信息系统中，由于具有不同的组织形式和信息处理模式，可能具有不同的结构，但其概念结构是相同的。

（二）管理信息系统的层次结构

由于管理活动可以分为战略规划层（战略管理）、管理控制层（战术管理）、运行和操作控制层（业务处理）等三个不同的层次，因此管理信息系统也具有层次结构。

第一，战略层管理信息系统。战略层的管理活动涉及企业的总体目标和长远发展规划，如制定市场开发战略、产品开发战略等。为战略层服务的管理信息系统，其数据和信息来源广泛且概括性较强，其中包括大量外部信息，如当前社会的政治、经济形势，本企业在国内外市场上的地位和竞争力等。战略层管理信息系统为制定战略计划提供服务，因此它所提供的信息必须是高度概括和综合性的，如对市场需求的预测，对市场主要竞争对手的实力分析及预测等信息，这些信息可以为企业制定战略计划提供参考价值。

第二，战术层管理信息系统。战术层的管理活动属于中层管理，主要包括各个部门工作计划的制定、监控和各项计划完成情况的评价等。因此，战术层管理信息系统主要是为各个部门负责人提供信息服务，以保证他们在管理控制活动中能够正确地制定各项计划。战术层管理信息系统的信息来源于两个方面：一方面来源于战略层，包括各种预算、标准和计划等；另一方面来自业务处理层，包括企业各种计划的完成情况和经过业务处理层加工后的信息等。战术层管理信息系统所能提供的信息主要有各部门的工作计划，计划执行情况的定期报告和不定期报告，对管理控制问题的分析评价，对各项查询的响应等。

第三，业务处理层管理信息系统。业务处理层的管理活动属于企业基层管理，它涉及有效利用现有资源和设备所展开的各项管理活动，主要包括作业控制和业务处理两大部分。由于这一层的管理活动比较稳定，各项管理决策呈结构性，可按一定的数学模型或预先设计好的程序和规划进行相应的信息处理。一般来说，业务处理层管理信息系统包括事务处理、报告处理和查询处理的功能信息处理方式。

（三）管理信息系统的功能结构

组织的管理机构可以划分为若干部门，而各个部门又具有一定的业务功能，因此管理信息系统也可以按照管理组织的功能来建立。各种功能之间有各种信息联系，构成一个有机结合的整体，形成一个功能结构。例如，在一个电力企业内部，可以包括以下功能子系统：财务会计系统；人事管理系统；电力生产管理系统；工程项目管理；用电与营业管理系统。当然，对于不同的企业，其功能结构也会略有差别。另外，在每个子系统下面还可能会有二级子系统。

四、管理信息系统的功能

管理信息系统的概念是不断发展的，它的功能也在不断进步和完善。概括起来，管理信息系统具有以下功能：

一是信息处理功能，它涉及数据的采集、输入、加工处理、传输、存储和输出；二是事务处理功能，它帮助管理人员完成一些繁重的重复性劳动，使管理人员将更多的精力投入到真正的管理工作之中；三是预测功能，它通过运用数学、数理统计或模拟等方法，对历史数据进行处理，对未来的发展做出估计；四是计划功能，即合理安排组织中各部门的计划，并向不同层次的管理人员提供相应的计划报告；五是控制功能，即对计划的执行情况进行检测检查，比较执行计划与原定计划的差异并分析原因，辅助管理人员及时运用各种方法进行控制；六是运用数学模型，及时推导出有关问题的最优解决方案，辅助管理人员进行决策。

五、管理信息系统开发方法

管理信息系统从产生到现在已经发展出许多开发方法，其中生命周期法（Life Cycle Approach）、结构化方法（Structured Approach）、原型法（Prototyping Approach）和面向对象的方法（Object Oriented Developing Approach）在 MIS 开发实践中产生了重要的影响。生命周期法是诞生于 20 世纪 70 年代的主流方法，是结构化方法的基础。生命周期法的局限在于周期过长、方法细腻苛刻和用户参与程度不高而不能应对需求变化，加大了系统风险。以结构化系统分析与设计为核心的新生命周期法，即结构化方法，是生命周期法的继承与发展，是生命周期法与结构化程序设计思想的结合。它使系统分析与设计结构化、模块化、标准化，面向用户且能预料可能发生的变化。结构化方法克服了生命周期法的某些缺陷，但由于它在本质上是生命周期法，其固有缺陷没有根本性改观，但依然是系统开发的主流方法。原型法产生于 20 世纪 80 年代，原型法一开始不进行全局分析，抓住一个原型，经设计实现后，再不断扩充，使之成为全局的系统。原型法基于第四代语言（4th Generation Language，4GL），用工具快速构造原型，系统开发周期较短，应变能力较强。它"扬弃"了结构化方法的某些烦琐细节，继承其合理的内核，是对结构化开发方法的发展和补充。生命周期法和结构化方法遵循从抽象到具体的思想，按分解的方法将复杂问题简单化；原型法符合实践、认识、再实践、再认识的认识规律，但过程定义不够清晰、文档不够完善，需求定义不够规范，不利于过程改善。面向对象的方法包括面向对象的系统分析（OOA）、面向对象的系统设计（OOD）和面向对象的程序设计（OOP）。面向对象的方法具有自然的模型化能力，它支持建立可重用、可维护、可共享的代码且将这些代码组织存放在程序设计环境的类库中；随着类库中的类不断积累，以后的程序设计过程会变得越来越简单，从而提高开发效率。面向对象方法更重要的是思维方式的改变，类和继承性提高了系统的可维护性，由此可以拓展系统生命期。

这些开发方法既有区别又有联系，可以组合使用，具体采用哪种或哪几种方法的组合应根据系统的规模决定。一般来说，较小的系统可采用原型法或面向对象的方法或两者结合，较大的系统以结构化方法为主，结合原型法和面向对象的方法，尤其是在系统实现阶段可以采用面向对象的程序设计方法，现在的主流开发工具都支持 OOP。可以预测，相互补充、相互促进的系统开发方法将是今后 MIS 开发所使用的主要方法。

（一）生命周期法

生命周期法（Life Cycle Approach）是开发管理信息系统的主要方法，对结构化方法和原型法的形成产生了重要影响。结构化方法是生命周期法的延伸与发展，而原型法是对结构化方法的发展和补充。生命周期法的理论基础是严密的，它的思想基础是信息在建立之前就能被充分理解。生命周期法严格划分工作阶段，然后一步一步地依次进行，前一阶段是后一阶段的工作依据；每个阶段又划分详细的工作步骤，顺序作业。每个阶段和主要步骤都有明确详尽的文档编制要求，各个阶段和各个步骤的向下转移都是通过建立各自的软件文档和对关键阶段、步骤进行审核、控制实现的。

生命周期法包括系统规划阶段、系统分析阶段、系统设计阶段、系统实施阶段、系统运行和维护阶段。

系统规划阶段主要内容包括企业目标的确定、解决目标方式的确定、信息系统目标的确定、信息系统主要结构的确定、工程项目的确定及可行性研究。同时考虑建设新系统所受的各种约束，研究建设新系统的必要和可能性。可行性分析报告审议通过后，将系统建设方案及实施计划编写成系统设计任务书。

系统分析的内容包括数据的收集、数据的分析、系统数据流程图的确定以及系统方案的确定等。系统分析阶段的工作成果体现在系统说明书中。

系统设计包括计算机系统流程图和程序流程图的确定、编码、输入输出设计、文件设计、程序设计等，这个阶段的技术文档是系统设计说明书。

系统实现包括机器的购买、安装、程序调试、系统的切换以及系统的运行维护等。这个阶段的特点是几个互相联系、互相制约的任务同时展开，必须精心安排、合理组织。

系统实施是按实施计划分阶段完成的，每个阶段应写出实施进度报告。系统测试之后写出系统测试分析报告。这个阶段基本要完成用户手册和操作手册的编写。

系统投入运行后，需要经常进行维护评价，记录系统运行的情况，根据一定的规则对系统进行必要的修改，评价系统的工作质量和经济效益。对于不能修改或难以修改的问题记录在案，定期整理成新需求建议书，为下一周期的系统规划做准备。

（二）结构化方法

结构化方法（Structured Approach）是生命周期法的继承与发展，是生命周期法与结构化程序设计思想的结合。结构化的最早概念是描述结构化程序设计方法的，后来把结构化程序设计思想引入 MIS 开发领域，逐步发展成结构化系统分析与设计的方法。结构化方法的基本思想是用系统工程的思想和工程化的方法，根据用户至上的原则，自始至终按照结构化、模块化，自上向下地对系统进行分析与设计。结构化方法包括结构分析（SA）、结构化设计（SD）和结构化程序设计（SP）。结构化方法的工作流程仍然符合生命周期法的基本框架。但与生命周期法相比较，结构化方法强调以下几个方面：

第一，面向用户的观点。结构化方法强调用户是 MIS 开发的起点和最终归宿，因此，用户的参与程度以及满意与否是衡量系统是否成功的关键。开发过程应当面向用户，使用户更多地了解，并能随时从业务和用户的角度提出新的要求，同时也可以使系统开发人员更多地了解用户的要求，更深入地调查和分析管理业务，使系统更加科学和合理。

第二，自顶向下的分析、设计和自底向上的系统实施相结合。自顶向下的分析设计思想是指，在分析问题时应站在系统的角度，将各项具体业务放在整体环境中加以考察。首先确保全局的正确性，再一层层地深入考虑和处理局部问题。按照自顶向下的设计思想对系统进行分析设计后，其具体的实现过程采取自底向上的方法，即一个模块一个模块地开发、调试，再进行子系统的开发调试，直至整个系统实现构建的全过程为止。

第三，充分预料可能发生的变化。MIS 是动态的，它随着周围和内部环境的变化而变化。无论在系统设计时，还是在系统实施过程中，都必须考虑可能变化的因素，预料可能发生的变化就是提高系统对内外环境的适应能力。

第四，严格划分系统阶段。结构化方法严格定义开发的过程与阶段，然后依次进行，前一阶段是后一阶段的工作依据。每一个阶段又划分详细的工作步骤，顺序作业。各个阶段和各个步骤的向下转移都是通过建立各自的软件文档和对关键阶段、步骤进行审核和控制实现的。

第五，结构化、模块化。结构化就是信息系统结构分解成许多按层次联系起来的功能结构图，即模块结构图。结构化设计方法提出了一种用于设计模块结构图的方法，还有一组对模块结构进行评价的标准及进行优化的方法。所谓模块化是指将一个复杂的信息系统按照自顶向下的方法，分解为若干个有层次联系、功能相对单一且彼此相对独立的模块。模块化可以把复杂问题简单化，把大问题分解为小问题来解决，从而使新系统易于实施及维护。

第六，开发过程的工程化。在开发过程中，每个阶段、每个步骤都有详细的文字资料记载，要把本步骤所考虑的情况、所出现的问题、所取得的成果完整地形成资料。在系统分析过程中，无论是所调查得到的资料，还是用户交流的情况，或者是分析设计的每一种方案都应有明确的记载。记载所用的图形和书写的格式要标准化和规范化，且要经过评审。

（三）原型法

原型法（Prototyping Approach）是 20 世纪 80 年代随着计算机软件技术的发展，特别是在关系数据库系统（Relational Data Base System，RDBS）、第四代程序生成语言（4GL）和各种系统开发生成环境产生的基础之上，提出的一种具有全新的设计思想、工具、手段的系统开发方法。与前面介绍的结构化方法相比，原型法摒弃了那种一步步周密细致地调查分析，然后逐步整理出文字档案，最后才能让用户看到结果的繁琐做法。原型法从一开始就根据用户的要求，由开发者和用户在强有力的软件环境支持下，短时间内构造出一个初步满足用户的系统原型，然后与用户反复协商修改，最终形成实际系统。

作为管理信息系统的一种开发方法，原型法从原理到流程都非常简单，因而在实际应用中也取得了很大的成功。与其他方法相比，使用原型法开发 MIS 具有以下几个特点：一是原型法更多地遵循了人们认识事物的规律，因而更容易为人们所普遍接受；二是原型法强调用户的参与，缩短了用户和系统分析人员之间的距离，这样能够使问题及时得到解决；三是原型法充分利用先进的软件工具，摆脱老一套的工作方法，使系统开发的时间、费用大大减少，使效率和质量等方面大大提高，系统对内外界环境的适应能力大大增强。

作为一种具体的系统开发方法，原型法也有一定的局限性，一般在进行大型的系统开发时，不进行系统分析而直接使用原型法直接构造模型是一件非常困难的事情。对于大量运算的、逻辑性较强的程序模块，原型法也很难构造模型。所以，在实际应用中，经常会将原型法与生命周期法和结构化方法有机地结合，在整体上使用生命周期法或结构化方法以弥补原型法的不足。

（四）面向对象的开发方法

面向对象最初是出现于 20 世纪 60 年代的 Simula 仿真语言，Simula 第一次提出了"对象"的概念。20 世纪 70 年代末，Smalltalk 在 Simula 的基础上发展起来，成为第一个纯粹的面向对象编程语言，引入了对象、对象类、方法、实例等概念和术语。而后，C++语言以及 Delphi、Visual Basic 等都提供了面向对象的开发环境。由于面向对象的方法起源于程序设计语言，是一种分析、设计、思维和程序设计方法，并且它能从面向对象的角度为我们认识事物，进而开发系统提供一种全新的思路，所以，预计今后将会有越来越多的开发者使用面向对象方法。

第四节　数据库管理系统

数据库管理系统（Database Management System，DBMS）是在文件管理系统基础上发展起来的数据管理技术，它建立在操作系统的基础上，对数据操作语句进行统一的管理和控制，并维护数据库的安全性和完整性，是数据库系统的核心组成部分。它位于用户与操作系统之间，是一种数据管理软件，帮助企业开发、使用、维护组织的数据库。它既能将所有数据集成在数据库中，又允许不同的用户应用程序方便地存取相同的数据库。

一、数据库处理系统

传统的文件处理手段存在大量问题，严重制约了数据处理的效率。为了解决这些问题，数据库处理系统应运而生。发展数据库及数据库管理系统的目的就在于克服文件处理系统的弊病。数据库是逻辑相关的记录和文件的集合，它将先前提及的所有存储在独立文件中的记录归并在一个数据库内，以便不同的应用程序存取。存储在数据库中的数据既独立于使用它的计算机程序，也独立于存储它的二级存储器的类型。数据库管理包括数据库的建立、查询和维护，以提供用户和组织所需的数据。

（一）数据库

数据库，顾名思义，是存放数据的仓库。只不过这个仓库是在硬盘上，而且数据是按一定的格式存放的。因此，数据库是长期存储在计算机内、有组织的、可共享的数据集合。数据库中的数据按一定的数据模型组织、描述和存储，具有较小的冗余度、较高的数据独立性和易扩展性，并可为各种用户共享。

人们总是千方百计地收集各种各样的数据，然后进行处理，目的是从这些数据中提取有用的信息。在科学技术飞速发展的今天，人们的视野越来越广，数据量急剧增加。过去人们手工处理数据，现在人们借助计算机科学地保存和管理复杂的大量数据，从而方便而充分地利用这些宝贵的信息资源。

在数据库管理方式中，开发共享数据库首先需要数据字典。数据字典描述数据定义、格式、内容，以及数据库的相互关系，确保所建立的数据库的完整性、一致性和可行性，使组织中各种应用所需的数据连接起来并集中存入一些共享数据库，从而取代存入许多各自独立的数据文件。

（二）数据库处理

文件处理主要通过更新和使用独立的数据文件，生成每个用户所需的信息。而数据库处理一般由三种基本活动组成：第一，通过建立、更新和维护共享数据库，对组织数据的整体结构进行组织，使其能够反映事件并进行处理。第二，使用能够共享公共数据库的应用程序，为用户提供所需信息。DBMS为用户提供了一个公共接口，该接口使查询程序能够从公共数据库中提取所需信息，而无需了解数据的物理存储位置和存储方式。第三，通过DBMS提供的查询、响应及报告功能，使用户能够直接快速地访问数据库、获取响应并生成报告。

二、数据库的类型

不同的数据模型具有不同的数据结构形式，目前最常用的数据模型有层次模型（Hierarchical Model）、网状模型（Network Model）和关系模型（Relational Model）。其中，层次模型和网状模型被统称为非关系模型。

自 20 世纪 80 年代以来，面向对象的方法和技术在计算机各个领域，包括程序设计语言、软件工程、信息系统设计、计算机硬件设计等方面都产生了深远的影响，促进了数据库中面向对象数据模型的研究和发展。

（一）面向企业的数据库

随着分布式处理应用范围的扩展，最终用户计算、决策支持以及信息系统的发展，各种类型的数据库得到发展。

（1）操作数据库：又名业务数据库，包含支持组织业务运作的详细数据。这些数据是在操作事务处理过程中产生的，如客房数据库、人员数据库、库存数据库等，一般由主数据文件和传输文件组成。

（2）管理数据库：包含组织内部关键的管理数据。这个数据库中储存的数据从指定的操作系统和外部库中抽取而来，经汇总处理后成为组织管理者所需的信息。因此，管理数据库也称为信息库，信息库中的信息由企业经理调用，并作为决策支持系统和经理信息系统的一部分，供管理者进行决策。

（3）数据仓库：储存从组织操作库和管理库中抽取的当年度或历年的数据，经过标准化后集成在一起，作为核心数据源，供管理人员和企业内的专家使用。例如，数据仓库的一个重要用途是运行模型处理，通过模型处理操作数据，可以定义影响企业活动的关键因素和企业活动的历史模型趋势。

（4）分布式数据库：散布在企业各部门和工作组中，由各部分拥有的数据库组成。这些数据库包括共享操作和共享用户的数据库，数据的生成和使用都在用户端进行。确保组织内所有分布式数据库中的数据能够同时更新并保持一致性，是数据资源管理的一个重要问题。

（5）用户数据库：由用户在各自的工作站上开发的多个数据文件组成，如用户用 WORD 制作的电子文档及接收的 EMAIL 文件，或用电子表或DBMS 建立的自己的数据库文件。

（6）外部数据库：外部数据库的数据取自网络上的联机数据库，内容由一些信息服务公司生成与维护，并向其他组织提供信息服务。如经济信息服务数据库，数据按经济统计的格式组织，可以用表格或图形方式显示。在网络上甚至可以看到上百条新闻、杂志和周刊的摘要等。

（二）文本数据库

文本数据库是利用计算机生成和存储电子文档的产物。例如，联机数据库将文献信息当作一本出版的书存储在大型文本数据库中，并有效存储在CD-ROM 光盘上，通过微型计算机进行存取。一些大型企业和政府机构已建立了包括各种文档的企业文本数据库。他们使用文本数据库管理系统软件，帮助建立、存储、检索、抽取、修改和汇总文档，并将其他信息也作为文本数据存储在文本数据库中。已开发的微型计算机的多种版本软件可以帮助用户管理在 CD-ROM 光盘上的个人文本库。

（三）多媒体数据库

到目前为止，我们讨论的数据库主要分为两类：一种是以传统的数据记录和文件形式存储数据；另一种则以文档形式存储在文本数据库内。但各种形式的图像也可以以电子方式存储在图像数据库中。例如，电子百科全书可以存储在 CD-ROM 光盘上，其中包含成千上万幅图画和栩栩如生的动画，与数千页的文本一起存储。图像数据库对企业的最大吸引力在于文本图像处理，企业文档如客房函件、购物订单和发票，以及销售指南和服务手册可以有选择地进行扫描，并作为图像文件存储在一个光盘上。图像数据库管理软件允许人们从存储的数万页文档中快速抽取并显示所需文档。用户可以在工作站上浏览和修改文档，也可以在组织网络的其他用户的工作站上进行操作。

三、数据库管理系统的组成

数据库管理系统通常由以下三部分组成：

（1）数据描述语言（Data Description Language，DDL）：为了对数据库中的数据进行存取，必须正确描述数据及其之间的关系。DBMS 根据这些数据定义从物理记录导出全局逻辑记录，从而导出应用程序所需的记录。DBMS 提供数据描述语言以完成这些描述工作。

（2）数据操纵语言（Data Manipulation Language，DML）：DML 是 DBMS 中提供的工具，用于存储、检索、修改和删除数据库中的数据，又称为数据子语言（DSL）。DML 有两种基本类型：过程化 DML 和非过程化 DML。过程化 DML 不仅要求用户指出所需的数据，还要指出如何存取这些数据；非过程化 DML 只要求用户指出所需的数据，而不必指出存取这些数据的过程。因此，非过程化 DML 比过程化 DML 更容易理解和使用。层次、网状数据库系统中的 DML 通常是过程化的，而关系数据库系统中的 DML 通常是非过程化的。

（3）数据库例行程序：从程序角度来看，DBMS 是由许多程序组成的一个软件系统，每个程序都有自己的功能，它们互相配合完成 DBMS 的工作。这些程序主要有以下三种：语言处理程序、系统运行控制程序和日常管理和服务性程序。

四、数据库管理系统的功能

数据库管理系统主要具有以下四种功能：数据库开发、数据库查询、数据库维护和数据库应用开发。

（一）数据库开发

数据库管理软件使得用户能够方便地开发自己的数据库。此外，数据库管理员（Database Administrator，DBA）可以在专家的指导下，对整个组织的数据库开发进行控制。这有助于提高组织数据库的完整性和安全性。DBA 使用数据定义语言（Data Definition Language，DDL）来开发和描述数据、关系以及每个数据库的结构，并将这些信息分类存储在专门的数据定义和说明数据库中，即数据字典。数据字典由 DBA 负责控制、管理和维护。当组织状态发生变化时，DBA 会统一修改数据库的说明。

数据字典是数据库管理的重要工具，它超越了数据的计算机分类和目录，包含了关于数据的数据。数据字典包含管理数据定义的数据库，内容包括组织数据库的结构、数据元素及其他特征，例如所有数据记录类型的名称和描述、它们的内部关系以及用户信息需求的概要、应用程序的使用、数据库的维护和安全等。

数据字典由数据库管理员管理，并经常被用户查询和生成报告，以便了解公司在数据方面的变动。必要时，DBA 可以修改选定数据元素的定义。某些具有控制性能的数据字典，无论用户和应用程序从何处访问组织数据库，都能提供标准化数据元素定义的功能。

（二）数据库查询

用户可以使用 DBMS 中的查询语言或报告生成器来询问数据库中的数据。用户可以直接在显示器或打印机上接收机器的响应，如一个报告，而无需进行复杂的编程。这种数据库访问能力对普通用户特别有用。通过掌握一些简单的查询语句，用户可以轻松地获得在线查询的即时响应。报告生成器的特点是能够将用户的需求表述成一个报告，并指定报告的格式。

主要有两种查询语言：结构化查询语言（Structured Query Language，SQL）和示例查询（Query By Example，QBE）。SQL 语言在许多 DBMS 软件

包中都可以找到。使用 QBE 查询时，会显示一个或多个文件中的每个字段，用户可以通过键盘或鼠标选择所需的字段，并将它们组织在一起，然后向用户显示结果。

（三）数据库维护

随着新事务的发生，组织的数据库需要定期更新数据以适应企业的最新状况。相应地，需要对数据库进行各种修改，以确保数据的准确性。这些数据库维护操作是在 DBMS 的支持下，由传输处理程序以及其他用户应用软件完成的。用户和信息专家可以通过 DBMS 调用各种实用程序来进行数据库维护。

（四）应用开发

DBMS 的一个重要作用是应用开发。与传统的程序设计语言相比，DBMS 使得应用程序员无需编写详细的数据库操作代码。现在，通过使用数据操作语言（Data Manipulation Language，DML），应用程序中的一个语句就可以让 DBMS 执行必要的数据处理活动。程序可以利用 DBMS 软件包中内置的程序设计语言来开发完整应用程序。

五、常见的数据库管理系统

常见的数据库管理系统类型繁多，主要的发展方向是关系型数据库管理系统和面向对象的数据库管理系统，各自衍生出了众多的应用系统和产品系列。

（一）关系型数据库管理系统

常见的关系型数据库管理系统包括 Dbase、FoxBASE、FoxPro、Access、Oracle、SQL Server、Sybase 等。

FoxPro 是近年来广泛流行的一种数据库软件，与 xBASE 系列软件（如 dBase 和 FoxBASE）兼容。对于已经使用过 xBASE 系列软件的用户来说，可以按照使用 dBASE 或 FoxBASE 的方式使用 FoxPro，尽管会有一些差异。FoxPro 采用了新的索引文件类型，扩展后的 FoxPro 索引文件有四种：标准索引（.IDX）、压缩的标准索引（.IDX）、复合索引（.CDX）和结构复合索引（.CDX）。新的索引文件在长度上有所缩短，操作更为简便，并且可以随数据库的修改自动更新。它还引入了名为"Rushmore"的新技术，可以使数据库操作速度比传统方法快几十到几百倍，且数据库越大，速度提升越明显。此外，FoxPro 支持关系数据库的标准语言 SQL，特别是支持 SQL SELECT 语句。然而，FoxPro 仍存在一些缺陷和不足，例如不完全支持 SQL；数据操作的物理独立性较高，某些操作与数据的物理结构密切相关；数据操作的逻辑独立性不高，不支持视图的概念；虽然 FoxPro 增加了一些网络命令，支持文件锁和记录锁等并发控制功能，但从整体上看，FoxPro 在数据安全性、完整性和并发控制等方面的功能不够完善，将许多工作交给了用户，增加了用户的负担和编程难度。

Access 是一个中小型的数据库管理系统，功能强大、易于使用，提供了与其他数据管理软件的良好接口。它可以创建和编辑数据基本表、设计和使用各种查询工具、制作和使用宏、设计和使用 Web 页，并提供了完整的程序设计开发语言——VBA。Access 界面简单，数据共享性强，完全集成在 Windows 操作系统中，操作非常简便，入门迅速。Access 完全支持多媒体功能，在 Access 数据库中，可以保存、处理声音、图像以及活动视频等多媒体数据，增强了数据的表现力。

（二）面向对象的数据库管理系统

面向对象技术是近 20 年来计算机学术界和工业界研究的热点。面向对象是一种认识和模拟客观世界的方法，将客观世界看作由多种不同类型的对象组成，每个对象都有自己的内部状态和运动规律。不同对象之间的相互联系和作用构成了完整的客观世界。面向对象方法学引入了对象、方法、消息、类、实例、继承性、封装性等一系列概念，为认识和模拟客观世界、设计和实现大型软件系统奠定了基础。

面向对象的思想最初出现在程序设计语言中，随着研究的深入，现已应用于计算机软件的各个领域，如面向对象的分析、面向对象的数据库系统、面向对象的专家系统、面向对象的开发工具、面向对象的用户界面等。

数据库系统是信息系统的核心，一般来说，综合信息系统就是大型数据库应用系统。将面向对象技术应用于数据库系统是数据库应用发展的迫切需求，也是面向对象技术和数据库技术发展的必然结果。面向对象技术在数据库系统中的应用主要体现在数据库管理系统和数据库应用开发工具两个方面，即面向对象的数据库系统和面向对象的数据库应用开发工具。将面向对象技术应用于数据库管理系统，使 DBMS 能够支持面向对象的数据模型，这有助于提高数据库系统模拟客观世界的能力，扩大数据库应用领域；数据库应用开发工具是信息系统开发的必要环境，将面向对象技术应用于数据库应用开发工具，使其支持面向对象的开发方法并提供相应的开发手段，这有助于提高应用开发效率，增强应用系统界面的友好性、可伸缩性和可扩展性等。

面向对象数据库系统（Object-Oriented Database System，OODBS）的研究始于 20 世纪 80 年代中后期。面向对象数据库系统应具备以下基本特征：

首先，OODBS 必须支持面向对象的数据模型，具有面向对象的特性。这些特性包括：支持复杂对象，能够使用各种对象构造符将简单对象组合成复杂对象；具有对象标识，对象独立于其值存在；具有封装性，数据库对象中既封装数据又封装程序，实现信息隐藏，这也是逻辑数据独立性的一种形式；支持类型和类的概念，类型概括了一组具有相同特征的对象；支持类或类型的层次结构，从而支持继承性这一强大的建模工具；允许重载，即在同一类型的多个操作上使用相同的名字；通过与现有程序设计语言的合理集成，实现计算的完备性，并具有可扩展性。

其次，OODBS 应具备数据库管理系统的基本功能，包括：持久性，数据库中的数据持久保存；外存管理，包括索引管理、数据聚集、数据缓冲、存取路径选择、查询优化等；并发性，系统应支持多个用户对数据库的并发操作，提供与现有 DBMS 相当级别的支持；故障恢复，系统应能从故障后的错误状态恢复到某一正确状态，提供与现有 DBMS 相当级别的故障恢复功能；查询功能，应提供非过程化的、高效且独立于应用的查询能力。

面向对象数据库系统的未来发展趋势不是取代关系数据库系统，而是与关系数据库技术相结合。新一代数据库系统应包含面向对象特征、与关系数据库系统兼容、成熟的数据库系统。关系数据库系统在当前及未来相当长一段时间内仍将是应用的主流。

第五节　决策支持系统

决策支持系统（Decision Support System，DSS）是一个由人和计算机等组成的高度人机交互系统，可以看作是管理信息系统的发展和延伸。它能够有效提升管理人员的决策能力，提高决策的科学性和信息化程度。

一、决策支持系统的概念

决策支持系统的概念最早由 Michael Scott Morton 和 Thomas Gerrity 于 1970 年提出。1978 年，Peter Keen 和 Michael Scott Morton 发表了"决策支持系统：一个组织的远景"，此后 DSS 引起了学术界的广泛关注，并相继开发出一些较为成功的决策支持系统。狭义的决策支持系统是指能够利用数据和模型帮助决策者解决非结构化问题的高度灵活、人机交互式的计算机信息系统。按照这一观点，DSS 主要为高层管理人员服务。然而，实际上，企业组织的各个层次的管理人员都需要决策支持；另一方面，不同管理层次的决策往往需要相互协调。

广义上的决策支持系统是指任何对决策制定有所贡献的信息系统。一般认为，DSS 是一个高度灵活、交互式的计算机信息系统，旨在支持解决非结构化决策问题，从而提高决策效果。从 DSS 的概念可以看出，DSS 是一个分析型处理系统，其目的是支持决策的制定，而非替代决策者进行决策。

二、决策支持系统的特征

决策支持系统主要解决半结构化问题，这类问题既需要自动化的数据处理，也需要决策者的直观判断。因此，对人的技能要求不同于传统的数据处理系统。

掌握决策支持系统的特征，对于分析和设计 DSS 具有重要意义。从决策支持系统的概念可以归纳出以下特征：

第一，主要面向高层管理人员经常面临的结构化程度不高、说明不够充分的问题。在分析和设计 DSS 时，首先要考虑主管人员在系统中的主导作用。其次，决策者的偏好、技能和知识不同，决策过程可能不同，对 DSS 的要求也就不同。

第二，将模型或分析技术与传统的数据存取技术及检索技术结合，因此 DSS 具有较高的分析数据能力。模型驱动是 DSS 与狭义 DSS 的重要区别之一。半结构化决策问题的求解方法和过程不完全明确，系统首要任务是确定模型，模型一旦确定，问题就有了求解的可能。

第三，易于使用，特别适合非计算机专业人员以交互方式使用。强调交互式处理方式，不同的决策者输入不同的资料（如信息、偏好、价值准则），将会产生不同的决策方案。这要求 DSS 对用户和环境有较强的适应能力，使非计算机人员易于以对话方式使用，协助和支持决策者做好决策。

第四，强调对环境及用户决策方法改变的灵活性及适应性。

第五，支持但不是代替高层决策者制定决策。人是决策的主体，DSS 力求为决策者扩展决策能力，而不是取而代之。在决策过程中过分强调计算机的作用是不恰当的。

三、决策支持系统的结构

决策支持系统的结构可以从两个方面来划分考察，一个是它的概念结构，另一个是它的框架结构。

（一）决策支持系统的概念结构

一个决策支持系统一般包括语言系统（Language System，LS）、知识系统（Knowledge System，KS）和问题处理系统（Problem Processing System，PPS）。

1. 语言系统 LS

支持系统能提供给决策者的语言能力的总和称为语言系统。语言系统是用户与 DSS 其他部分的通信机制，是用户与 DSS 对话的工具。它是供决策者表述问题的载体，同时也限定了所允许的表达方式。LS 是一种载体，是一种传输信息的手段，包括数据操纵语言、模型操纵语言、知识管理语言和问题处理语言等。

2. 知识系统 KS

一个决策支持系统，如果没有包含关于决策问题领域的知识，那就没有什么实用价值。决策支持系统的许多功能是从它具有的有关领域的知识衍生出来的。这种知识通常包括大量事实，而决策者可能没有时间，或者未能将其收集到自己大脑中存储。这些事实的某些子集对于一个特定问题的合理决策又是至关重要的。这里说的知识，可以是他人的经验教训，决策问题的外部环境，决策过程中所用的公式、模型或规则，各种分析工具、推理规则和评价标准等。

KS 中所表示的知识必须按一种有组织的系统方式进行存储。表示知识的方法有多种。一个特定的知识系统所采用的知识表示方法可以看作是一组规则，根据这些规则进行组织和存储知识。

3. 问题处理系统 PPS

决策支持系统的主要功能是接收符合语言系统句法的符号串（即问题），

并获取按知识系统表示规则组织的符号串（即问题领域的知识），产生信息支持决策过程。这样，就必须有个连接知识系统的知识表达式和语言系统的知识表达式的机制，这就是问题处理系统PPS。

（二）决策支持系统的框架结构

初期的决策支持系统一般由模型库、数据库，以及人机对话系统三个部件组成，20世纪80年代初，DSS增加了知识库和方法库。下面简单介绍一下当前决策支持系统主要包含的几个组成部分：

1. 人机对话子系统

人机对话子系统的核心是人机界面。它是DSS中用户和计算机的接口。在实际工作中，由于系统经常是由一些对系统不是很熟悉的操作者使用，所以用户接口设计好坏对系统的成败起着非常重要的作用。对于使用人员来说，需要有一个良好的对话接口，对于维护人员来说，需要有一个方便的软件工作环境。所以可以说，人机对话子系统是DSS的一个窗口，它标志着该系统的水平。

2. 数据库子系统

数据库是DSS的重要数据资源，在某种程度上讲，它已成为DSS内部管理的一种机制，起着简化DSS的实现和维护的重要作用。数据库系统主要由DSS数据库、数据抓取模块、数据字典、数据库管理系统及数据查询模块组成。

DSS使用数据的主要目的是支持决策，因此它对综合性数据或者经过预处理后的数据比较重视。面对决策的问题不同，使用的信息也不同。由于数据处理过程主要是启发式的，因而数据流向不确定；数据来源不仅有内部的、外部的，还有历史的、现实的以及决策者个人经验等；最终所得结果为将会发生的事件。MIS支持日常事务处理，注重对原始材料的收集、整理和组织，所需数据是确定的，得到的结果是已经发生的事件。

DSS 数据库管理子系统可以提供对数据库的维护和控制，简化了在 DSS 和数据之间的接口程序设计；另外 DBMS 还可以提供描述在数据库中存贮数据的词典，因而可以快速有效地确定在 DSS 中应该使用的数据源及数据类型。总之，对 DSS 来说，利用数据库和相应的 DBMS 可相对减少建造和使用 DSS 的成本，增加对数据的控制和共享，减少数据的冗余量。

3. 模型库子系统

模型库子系统是存储决策支持系统的定量方法与模型，存储方式主要有：子系统、语句、数据及逻辑关系等四种方式。模型库子系统是决策支持系统中的核心部分，是 DSS 区别于其他系统的重要特征之一，而且决策支持系统中的数据库需求大多是由模型库来确定的。

常用的支持决策活动的模型有：预测模型，它包括回归模型、指数平滑、时间序列分析、移动平均数法、拟合模型、系统动力学模型、神经网络、博弈论等；优化模型，即线性非线性动态规划、目标规划、多目标决策、边际理论等；综合评价模型，即层次分析、德尔菲法、模糊综合评价等；仿真模型，即投入产出、生产函数、排队模型等。

4. 方法库子系统

方法库子系统是存储、管理、调用及维护 DSS 各部件要用到的通用算法、标准函数等方法的子系统，它包括排序算法、分类算法、最小生成树算法、最短路径算法、计划评审技术、线性规划、整数规划、动态规划、各种统计算法、各种组合算法等。

建立方法库的主要目的是为 DSS 提供一个合适的环境，允许计算机过程本身实现交互存取数据，从数据库中选择数据，从方法库中选择算法，然后将数据和算法结合起来进行计算，并通过清晰的显示方法将结果输出，供决策者使用。

5. 知识库子系统

随着知识被引入到决策支持系统中，DSS 也日益向智能化方向发展。所谓知识库是指合理组织的关于某特定领域的陈述型知识和过程型知识的集合。它与传统数据库的区别在于它不但包含了大量的简单事实，而且包含了规则和过程型知识。而知识库子系统是以知识库为核心的，包含人、硬件和软件的各种资源，用于实现知识共享的系统。

四、决策支持系统的功能

决策支持系统的目标是通过结合计算机强大的信息处理能力和人的灵活判断能力，以交互方式支持决策者对半结构化和非结构化问题进行有序决策，以尽可能获得令人满意的客观方案。其主要功能包括：

（1）数据整理与提供：整理并及时提供本系统内与决策问题相关的一切数据。

（2）外部数据收集：尽可能收集、存储并及时提供系统外的与决策问题相关的一切数据。

（3）反馈信息收集：及时收集提供有关各项行动的反馈信息，包括系统内及系统外的相关数据。

（4）模型存储与管理：能够用一定的方式存储与所研究的决策问题有关的各种模型。

（5）数学方法支持：存储并提供常用的数学方法，特别是数理统计方法，这些方法对整个决策过程的效果有相当影响。由于这类决策过程不适于完全自动化，因此需要人的参与来处理不确定性和复杂性。

半结构化问题介于结构化和非结构化问题之间，即对问题有所了解但不全面，有所分析但不确切，有所估计但不确定。通常可以建立适当模型，但无法确定最优方案。决策支持系统主要支持这类问题，它能将模型或分析技术与传统的数据存取和检索功能相结合，并通过人机交互接口为决策者提供辅助决策功能。

五、决策支持系统的类型

近年来，随着计算机技术和人工智能技术的迅速发展，决策支持系统（DSS）产生了许多新的分支，主要包括以下几种：

（一）智能决策支持系统（IDSS）

理想的智能决策支持系统（Intelligent Decision Support System，IDSS）应尽可能让计算机模仿人的认知能力，即人的感知和判断过程。为此，IDSS 应具备以下能力。

（1）知识掌握与学习：掌握丰富的知识，并能运用这些知识解决问题，甚至通过学习扩展知识库。

（2）问题理解和模型选择：了解用户需求，找出所需数据和模型。

（3）模型拟定：根据问题需求，选择和修改现成的程序模块，组合成合适的模型。

（4）分析与支持决策：明确用户需求后，整合所需数据与模型，运行模型产生结果，支持决策。

智能决策支持系统是在传统 DSS 基础上结合人工智能技术构建的。20世纪 80 年代，知识工程、人工智能和专家系统的兴起，为处理不确定性领域的问题提供了技术保证，推动了 DSS 向智能化方向发展。IDSS 结合了专家系统和 DSS，是 DSS 的发展方向。与一般 DSS 的主要区别在于学习和推理能力，这些都是人工智能研究的内容。因此，可以认为 IDSS＝DSS＋AI。IDSS在结构上增加了知识库、推理机和问题处理系统，人机对话部分还加入了自然语言处理功能。通过利用人类已有知识，IDSS 在用户决策问题的输入、机器对决策问题的描述、决策过程的推理、问题解的求取与输出等方面都有显著改进。

（二）群体决策支持系统（GDSS）

群体决策支持系统（Group Decision Support System，GDSS）是 DSS 技术与群体决策理论研究相结合的产物，支持异地决策者共同参与决策。GDSS 利用便捷的网络通信技术在多决策者之间沟通信息，提供良好的协商与综合决策环境，以支持需要集体作出决定的重要决策。GDSS 应具备多用户的实时功能、良好的通信及图形显示功能，并且往往是分布式结构，使各决策者既能利用共享的模型库和数据库，也能拥有专用的部分。GDSS 通过增加参与决策的人员，使信息来源更为广泛，通过交流、磋商和讨论，有效避免了个体决策的片面性和独断专行等弊端。然而，由于群体成员之间存在价值观念和个人偏好的差异，开发 GDSS 支持群体决策是一项复杂任务。GDSS 结合通信、计算机和决策技术，使问题求解条理化，并提供系统方法指导信息交流方式、议事日程、讨论形式、决议内容等。随着电子会议、局域网、远距离电话会议以及决策支持软件的研究成果的进步，GDSS 技术越来越成熟，应用范围也越来越广，已成为 DSS 发展的一个重要趋势和前沿问题。

（三）分布式决策支持系统（DDSS）

在群体决策支持系统的基础上，为了支持更广泛的群体，包括个人与组织共同参与大规模的复杂决策，人们构建了分布式决策支持系统（Distribute Decision Support System，DDSS）。DDSS 是由多个物理上分离的信息处理节点构成的计算机网络，每个节点至少包含一个决策支持系统或具有若干辅助决策的功能。DDSS 不仅仅是一套软件，而是一个软硬件有机结合的系统。

（四）行为导向决策支持系统

智能决策支持系统和群体决策支持系统等都是利用各种信息处理技术满足决策者的需求，扩大他们的决策能力，属于业务导向型的 DSS。而行为导向的 DSS 则从行为科学的角度研究如何支持决策者，其主要研究对象是人，而不是以计算机为基础的信息处理系统。行为导向 DSS 主要通过引导决策行为来支持决策，而不仅仅是提供信息支持。这为解决决策问题开辟了一条新的道路。

（五）数据仓库、数据挖掘、联机分析处理

随着计算机技术的发展，信息处理从集中式走向分布式，从孤立系统走向集成系统。支持企业决策的信息处理开始向深度加工方向拓展，并逐渐发展成为以数据仓库为基础，以联机分析处理和数据挖掘工具为手段的高级信息处理技术。数据仓库用于数据的存储和组织，联机分析处理侧重于数据的分析，而数据挖掘则致力于知识的自动发现。这三种技术的有机结合形成了一种新型的决策支持系统框架。

数据仓库（DW）：是支持管理决策的、面向主题的、集成的、与时间相关的、持久的数据集合。它解决了传统 DSS 中数据不统一的问题，通过集成、转换和综合来自底层数据库的大量事务级数据，形成面向全局的数据视图，构成整个系统的数据基础。

联机分析处理（OLAP）：从数据仓库中的继承数据出发，构建面向分析的多维数据模型。用户可以使用不同的方法、从不同的角度对数据进行分析，实现了分析方法和数据结构的分离。

数据挖掘（DM）：以数据仓库和多维数据库中的大量数据为基础，自动地发现数据的潜在模式，并以这些模式为基础自动做出预测。数据挖掘反过来又可以为联机分析处理提供分析的模式。

这三种技术之间的联系性和互补性使得它们能从不同角度为决策提供支持。随着企业竞争的日益加剧，这种新型的决策支持系统解决方案必将受到越来越多的重视。

第七章 信息系统的开发

第一节 结构化分析与设计方法

结构化开发方法产生于 20 世纪 70 年代中期，最初应用于软件开发，即我们熟悉的结构化程序设计。在信息系统开发中，它涉及更多的业务与技术内容。结构化开发方法是一种应用广泛且技术成熟的方法，通常称为结构化系统分析（Structured System Analysis，SSA）和结构化系统设计（Structured System Design，SSD）方法。

一、结构化方法的基本思想

结构化方法的基本思想可以概括为：强调功能抽象和模块化，将系统按功能分解为若干模块，自上而下、逐步求精。其要点是将系统的开发与运行的全过程划分阶段，明确任务。

为保证信息系统开发的顺利进行，结构化方法应遵循下列基本原则：

（1）用户的需求是新系统开发的出发点和归宿。因此，是否满足用户的需求将决定系统的成败。所以从调查研究入手，充分了解用户的业务活动和信息需求，密切保持与用户的联系，激发用户参与系统开发的热情是系统开发成功的关键。面向用户的观点是结构化方法的鲜明特点。

（2）强调用系统的观点、全局的观点进行分析，自上而下，从粗到精，将系统逐层分解、逐级分解，最后进行综合，从而构成一个完整的、准确的信息模型。

（3）强调按时间顺序和工作内容，将系统开发划分为若干工作阶段，如系统分析阶段、系统设计阶段、实施阶段和运行维护阶段等。对于复杂系统，还要加强前期工作，强调分析、设计的深入细致，避免后期返工，造成资金浪费和负面效益。

（4）强调系统开发各阶段文档资料的规范性、完整性，从而保证开发工作的连续性，同时又是后期系统维护的依据，它包括变动、扩充和纠正错误等。所以，资料必须既便于研发人员阅读，又要便于用户理解，简单明确，无二义性。

（5）信息系统应用的环境是处在不断地变化之中，而用户对系统的要求也是变化的。结构化方法充分考虑到这种情况，在系统设计中采用模块化结构方式来组织系统，使系统在灵活性和可变更性方面得以充分体现。

实践证明，结构化方法是一种非常有用的开发方法，是其他方法学的基础。

二、结构化分析与设计步骤

（一）可行性研究

可行性研究，又称可行性分析或可行性论证，是在系统开发前的一项关键工作。它不仅是任何工程项目正式投入开发前必经的环节，也是确保项目后续顺利进行的必要保障。对于合理利用资源、避免浪费等方面都至关重要。

对于信息系统而言，可行性研究旨在解决"是否可能"和"有无必要"的问题。它基于组织当前的实际状况及环境条件，评估建立信息系统的必要性以及是否具备开发所需的各种资源条件。与其他工程项目的可行性论证相似，信息系统同样从技术可行性、经济可行性和操作可行性三个方面进行论证。

1. 技术可行性分析

技术可行性分析是指根据用户提出的功能、性能需求及相关约束条件，从技术角度研究实现系统的可能性。

这通常包括风险分析、资源分析和技术分析。风险分析评估在给定约束条件下，是否能设计并实现所需的功能和性能。资源分析则论证开发系统所需的各类技术人员（如管理人员、专业技术人员）、软件（数据库、操作系统、编程语言等）、硬件以及工作环境等是否具备。技术分析考察当前已普遍采用、确实可行的技术手段能否支持系统开发全过程。

2. 经济可行性分析

经济可行性分析是从经济角度研究实现系统的可能性，主要评估系统的投入与可能产生的效益，以判断项目在经济上的合理性。

投入方面，包括各种软硬件及辅助设备的购置、运输、安装、调试费用；机房及附属设施（如装修、通信）费用；系统维护费用；人员费用；内务开销、不可预见费用等。而效益则分为直接经济效益和间接经济效益。直接经济效益指系统运行后对利润的直接影响，如人员精简、库存压缩、成本降低、产量增加等，这些效益可直接折算为货币形式。但信息系统的间接效益往往难以用货币形式量化，例如系统运行后，及时准确的信息对管理者决策的支持、企业/组织形象的提升、竞争力的增强等。

3. 操作可行性分析

操作可行性分析，有时也称为社会可能性分析，其任务是论证新系统在组织或机构中开发和运行的可能性，以及运行后可能对组织或机构产生的影响。从组织内部来看，新信息系统的建立可能导致某些制度甚至管理体制的变动。这些因素在操作可行性分析中都需要认真考虑。

4. 可行性分析报告

可行性分析报告是可行性分析的最终成果，必须以书面形式记录，作为后续论证和开发的依据。一般而言，可行性分析报告的主要内容包括以下几点。

（1）引言：说明系统的名称、目标和功能，项目的来源；系统的开发背景、必要性和意义；概述总体规划调查、汇总的全过程，包括对现行系统的调查材料、分析以及信息需求等。

（2）拟建系统的候选方案：根据设定的系统目标，提出一种或多种候选方案，包括系统目标、系统规模、初步方案和投资方案及实施建议。

（3）可行性论证：通过对备选方案的可行性分析和效益评估，给出分析结论。结论可能有三种：可以开发新系统；对现行系统进行修改、扩充；维持原状。

（二）系统分析

系统分析的任务是通过调查分析，与用户共同充分了解现行系统的工作状况，理解用户对现行系统的改进要求和对新系统的需求，并将双方的理解用适当的工具（如系统说明书）表达出来。因此，系统分析也称为功能分析或需求分析，其核心问题是回答系统"做什么"。

系统说明书经审核通过后，将成为系统设计和未来系统验收的依据。新系统的功能确定是在了解原有系统的基本情况和理解用户新的需求基础上，经过不断分析和综合形成的。新系统的功能在很大程度上取决于其目标，而且新系统的目标设定将极大影响系统的开发过程。因此，在可行性分析乃至系统分析中，应对系统设定的目标的合理性和科学性进行深入分析，制定出符合实际的系统目标。目标确定后，涉及系统分析的相关内容包括：目标分析、环境分析、业务分析、数据分析、效益分析。

1. 目标分析

系统目标是指系统开发完成后应达到的境地或标准。一般认为，目标设定的标准是可度量的，应符合当前业务需求并具有一定的前瞻性，既不应过高也不应过低。目标过低可能无法满足企业的真实需求，效果不明显；过高可能导致资源浪费和实施困难。因此，目标设定依据应基于企业的环境和业务活动对系统功能的需求，并在系统分析过程中根据需要进行必要的调整，使设定的目标更准确、更现实。

2. 环境分析

环境分析是对企业生产和经营环境的分析，重点了解企业的组织结构、原有信息系统状况、外部联系、企业能力和发展规划，以及各种资源条件和外界约束条件等。其目的是确定新系统的适用范围，对系统开发的规模、投资、技术水平和功能目标有重大影响。

环境分析可细分为内部环境分析和外部环境分析。以企业为例，内部环境分析侧重于了解企业经营状况、管理模式、员工情况、企业效益、现有信息系统情况及企业领导对系统的看法和期望等。外部环境分析则侧重于了解产品市场、市场占有率、发展前景、相关经济政策、法律法规、技术发展趋势、竞争对手情况等。

3. 业务分析

业务或业务活动指企业或组织的一切专业工作和活动。业务活动一般按活动性质划分，由企业或组织内的相关机构管理。通过全面调查现行系统业务流程，绘制业务流程图，根据新系统目标要求，重新确定新系统的职能，进一步分析并提出新系统的业务流程。业务流程图能直观、简洁地反映单位工作的总体情况，对新系统相关职能进行汇集和划分，形成新系统的子系统，并为各子系统的业务流程分析提供背景，为子系统功能确定提供依据。

业务分析需要业务知识和专业知识的双重支持，并利用信息技术手段和工具描述业务活动，为业务活动的计算机化奠定基础。因此，业务分析应由精通业务的专业人员或业务人员与专业人员协作完成。

4. 数据分析

数据是信息的载体，是系统处理的主要对象。数据及数据间联系准确刻画企业的一切业务活动，因此，全面准确地收集、整理、分析数据和数据流程是系统分析过程中的核心工作。数据分析的内容和方法主要包括数据流程图和数据字典等。数据流程图是业务流程图的数据抽象，描述数据在业务活动中的运行状况，包括数据、数据流向、数据加工、数据存储以及数据的来源和去向。数据流程图是系统设计的基础，将被转换为系统设计阶段的控制结构图。数据字典对数据流程图中的数据元素、组合数据、数据流及数据存储进行准确描述。

新系统的数据流程图和数据字典不是对现行系统的简单描述，而是依据新系统目标，对数据进行进一步分析和加工，体现对业务活动和流程的改进与优化。

5. 逻辑模型的建立

模型有两种范畴：逻辑的和物理的。物理模型是实际的物理对象和记录，而逻辑模型则抽象地描述对象，侧重于用逻辑过程或主要业务任务来描述系统，不涉及实现时的具体设备或方法。逻辑模型强调系统做什么，而非如何实现，为系统设计人员留有充分的灵活性。

通过了解现行系统，依据业务流程可构成系统的物理模型。系统分析人员需将物理模型转化为逻辑模型，即描述系统的总体构成、子系统划分和子系统功能模块，包括各子系统的业务流程、数据流程及相关数据定义与结构，为系统设计提供基础。具体内容包括以下几点。

（1）系统的总体结构：通过总体划分，按相应职能组成子系统来描述。不同企业或组织的职能子系统内容各异。

（2）业务流程图：子系统由多项业务组成，业务执行过程即业务流程，可通过业务流程图描述。业务流程图是直观图形，从中可抽象出数据流程。

（3）数据流程图：是对软件系统逻辑模型的描述，表示对数据的处理逻辑，反映软件必须完成的功能。

（4）数据字典：对数据流程图中的数据元素、组合数据、数据流及数据存储进行准确描述，与数据流程图密切配合，是信息系统逻辑模型的组成部分，为数据库设计提供支持。

（5）数据概念结构图：为了设计复杂的存储结构，通常将数据元素分组，描述分组状况和数据间联系，得到信息结构，作为设计最终存储结构的过渡。常用实体联系（E-R）图来表达。

（6）基本处理说明：数据流程图采用自顶向下的结构化方法绘制，上层处理由下层数据流程图描述。对不再需要下层图描述的基本处理，需对其处理逻辑进行说明，但不描述控制过程。

6. 效益/费用分析

在系统开发中，费用和效益是在许多决策中考虑的因素。权衡原则是系统的效益/费用比越大越好。研究和量化费用与效益是制定决策的重要依据，这种分析应贯穿新系统开发的全过程。在可行性研究、系统分析及系统设计结束时都应进行此类分析。初期估计可能不十分精确，但随着工程实施，成本和效益问题会越来越具体，估计也会越来越精确。系统开发中通常计算两类费用和效益：有形的与无形的。

有形费用与有形效益：有形费用是指购买设备及继续使用原系统所付出的可用资金表示的费用。有形效益只有当预期能为组织赚钱或节约开支时才实现。

无形费用和无形效益：无形费用是指不易用货币衡量的费用。无形效益的判断同样困难，系统分析要求能很好地判明这些效益，以补偿系统费用。例如，给予用户更大便利，增加潜在信任等属于无形效益。严格的效益/费用估计方法不存在，实际估计时只能选择占重大比例的费用项目和可能产生的明显效益进行估计。

7. 系统分析报告

系统分析报告或系统说明书是系统分析阶段的技术文档和工作报告，是提交审议的工作文件。一经审议通过，即成为具有约束力的指导性文件，是系统设计的依据。系统分析报告主要包括：① 应用软件的需求分析报告；② 系统的运行平台需求及分析报告；③ 系统对网络和通信的需求及分析报告。

（三）系统设计及实施

由于软件系统本身就是一个具体的信息系统，因此系统设计内容请参阅软件工程部分。

系统设计报告经审核通过后，系统研制工作将进入信息系统开发期的最后阶段——系统实施。系统设计报告详细规定了系统的结构、各个模块的功能、输入和输出，以及数据库的物理结构等，为实现信息系统提供了蓝本。系统实施阶段的任务就是将系统设计阶段提出的物理模型转换成实际运行的系统，交付用户使用。在此期间，将投入大量的人力、物力、财力，占用时间较长，可能引起使用部门的组织机构、人员、设备、工作流程和工作方式的较大变革。因此，系统实施阶段必须制订严格周密的计划，以保证正常的工作秩序。

对于不同规模的信息系统，应采用不同的实施方法。一般规模不大的系统，采用自顶向下的方法，以控制结构图中模块的划分为依据，首先实现上层模块，逐步向下，最后实现下层最基本的模块。当实现上层模块时，其下层模块只作为树桩（Stub）出现，只有它的名字和有关参数传递关系。当系统规模较大时，可把整个实施方案分成若干个版本，即首先实现一个反映系统框架和主要功能的初级版本，然后不断添加新的功能，逐步完整和完善，最后达到实施方案中全部的功能要求。对于版本的划分，总的原则是先完成控制部分，再完成具体的执行部分，先完成上层模块，再完成下层模块。每个版本实现多少个模块以及要实现哪些模块，需根据系统功能、用户要求和科研力量来确定。

这种自顶向下实施的优点包括：一是着眼于系统总体结构和模块间的接

口，确保系统结构和模块间衔接的正确性，防止重大返工情况；二是这种方法便于对系统的设计方案进行校正，保证系统切实符合用户要求；三是便于控制进度，保证开发工作按时完成。

下面介绍系统实施阶段的基本任务。

1. 进度安排方面

由于任务复杂、工作量大，做好系统实施阶段的组织管理、计划安排是完成实施的基本保证。进度安排包括机房整装、程序编制、硬软件安装、系统调试与转换等方面的计划。

在一般工程项目中有多种进度安排方法，如常用的甘特图方法、时间标记网络方法、进度计划评审方法和关键路径方法等。其中，进度计划评审方法是最常用的方法，该方法有专用的软件系统可以辅助人们进行管理，可完成对图的管理、调整及修改。另外，对规模较大、复杂度高的系统开发，它还有一定的指导作用。

2. 软件方面

软件包括系统软件、数据库管理系统和一些应用程序。这些软件有些需要购买，有些需要组织人员开发。在实施阶段，尽管有很多的任务需要完成，但应特别重视且工作量最大也最困难的是应用软件的开发。在大型程序的开发中十分强调协同工作的重要性，因此，开发中应职责分明、分工清楚、责任明确。同时，应有明确的规范，要强调资料的完整和成果的文档化。

另外，软件编写时间的估计是保证实施进度计划的重要内容。为做出准确和客观的估计，应从以下几个方面来考虑：第一，程序结构的复杂性和使用的编程工具；第二，程序设计人员的经验和水平；第三，程序设计人员对所参加项目的熟悉程度。

3. 硬件方面

在系统总体规划或系统分析阶段，已对设备配置做出计划和安排。所以，除个别设备需要在系统设计之后才能确定以外，大多数硬件设备在完成系统分析后就可以进行选购。到了系统实施阶段，就应当做好有关工作场所、机房、通信设施等准备工作，并进一步做好硬件的购买、安装和调试工作。

4. 人员方面

系统实施阶段需要提前物色和储备相关专业人员，包括网络、计算机硬件、软件等方面的人才，特别是程序设计人员。开发大型信息系统，需要大量熟悉某种和几种程序设计语言的软件开发工具的人员，他们必须共同合作、密切配合才能完成这一阶段的软件开发工作。另外，所有参与开发人员必须有共同遵守的软件开发规范。为达到上述目标，需要开展早期的人员培训，在培训中应着重强调要采用统一方法、统一的开发工具以及规范技术手段来完成各自负责的任务。人员培训还包括对用户的培训，要使用户了解新系统，特别是要了解它会带来什么样的变化，如何接受这种新变化。人员培训工作要随着系统的实施一直进行，直到用户学会了操作和能够胜任维护新系统的工作为止。

5. 数据准备

数据的收集、整理、录入是一项既烦琐，劳动量又大的工作。但如果没有一定基础的数据准备，系统调试工作将不能很好地进行。一般来说，数据库管理模型之后，就应进行数据的整理、录入。

（四）系统测试

系统测试往往是指对整个系统的测试，将硬件、软件和操作人员看作一个整体，检验它是否有不符合系统说明书的地方。由于在开发大型应用系统的过程中，面临的是极其复杂的问题，在系统开发周期的每个阶段都不可避免地会产生错误。系统测试的目的，就是在系统投入实际运行之前，尽可能多地发现系统中存在的问题。所以，系统测试是保证系统质量的关键步骤，是对系统规格说明、系统分析、系统设计、编码和集成进行的最后的复审。

系统测试可细分为两个阶段：第一个阶段是在完成每个模块之后，针对该模块进行必要的测试，该阶段的测试又称为单元测试，测试者往往就是模块的完成者；第二个阶段是对系统进行的综合测试，又称为集成测试，通常由专门的工作人员承担这项工作。系统测试包括通讯网络测试、中心设施测试以及应用软件测试等几个关键部分。大量经验表明，系统测试的工作量往往占系统开发总工作量的40%以上，因此，必须高度重视系统测试工作。当然，发现错误并不是系统测试的最终目的，发现错误之后必须进行诊断并改正错误，这才是系统测试的最终目标。

传统的测试方法分为"白箱测试"和"黑箱测试"。

（五）新旧系统转换

在上述 4 个方面的工作完成并通过检验合格后，实施阶段的最后一步是用新建立的系统以某种方式取代旧系统，正式进入运行阶段。在系统的转换期间至少要完成 3 方面的工作：① 从旧系统的文件转换到新系统的文件；② 将已调试后的新系统加载，准备正式或试运行；③ 把有关资料、使用操作和控制权正式交给用户。

系统转换的方式一般有三种：直接转换、并行转换与分步转换。

1. 直接转换

这种方式是用新系统直接替代老系统。由于新系统还没有承担过正常的工作，转换旧系统后可能会出现意想不到的情况，因此风险较大。在实际应用中应有一定的措施，一旦新系统出现问题，旧系统还能顶替工作。这种方式的优点是转换简单、费用最省。

2. 并行转换

这种转换方式让新系统在试运行期间只承担部分工作，旧系统照常工作，等试运行过程一切正常时才全面运行新系统，停止旧系统的运行。

3. 逐步转换

这种方式是让新系统一部分一部分地替代旧系统，直到最后全部替代。这种转换方式避免了直接转换方式的危险性，所需费用也比并行转换方式少。但这种方式的接口复杂，必须事先充分加以考虑。此外，当新、旧系统的差别较大时，不宜采用分步转换方式。

通常，新旧系统在转换过程中甚至在转换以后，仍然可能出现一些问题，这属于正常现象。一旦发现系统出现问题，应由系统管理部门与系统开发部门共同商讨，并采取补救措施，而不能由运行人员任意进行修改。

系统实施阶段的输出文档包括程序文档和系统实施报告两类。其中，程序文档是以后系统维护、修改及扩充的主要技术依据，主要包括程序设计报告、源程序清单以及程序调试报告等。系统实施报告是系统验收、审计、评价及运行维护的依据，主要包括：一是系统实施计划；二是设备采购及安装验收报告；三是系统操作规程及其他规章制度；四是系统调试期试运行情况报告；五是系统转换及验收报告；六是系统的操作使用手册等。

（六）系统维护与评价

系统维护是信息系统生命周期的最后一个阶段，不属于系统开发过程。信息系统不同于其他产品，它不是"一劳永逸"的最终产品，在其运行过程中，还需要有大量的管理、维护和评价工作，需要在使用中不断进行完善。系统维护的工作量非常大，近20年来，系统维护的成本逐年增加。目前，在系统整个生命周期中，大约 60%以上的经费用于维护，而且随着信息系统数量增多和使用寿命的延长，这个比例还将持续上升。从人力资源的分布来看，现在世界上 90%左右的软件从业人员在从事系统的维护工作，开发新系统的人员仅占软件从业人员的 10%左右。这些统计数字均说明系统维护工作的任务是十分繁重的。

系统维护内容包括硬件维护、软件维护和数据维护等，同时也可从以下 4 个方面来划分。

（1）改正性维护：由于系统测试不可能发现并纠正一个大型信息系统中所有隐藏的错误，在实际运行中，用户必然会发现这样或那样的错误，这时就需要由维护人员进行改正性维护。

（2）适应性维护：随着信息系统运行环境的不断变化，对信息系统进行的适应性修改是一项经常和必要的维护活动，如新一代硬件的问世或者操作系统版本的更新等，为适应这些变化，信息系统需要进行适应性维护。

（3）完善性维护：在使用信息系统的过程中，用户往往提出增加新功能或修改已有功能的建议，还可能提出其他的改进意见，为了满足这类要求，需要进行完善性维护。

（4）预防性维护：这是一项主动进行的预防措施，目的是增加未来的可维护性和可靠性，或为了给未来的改进奠定更好的基础所做的维护活动。

系统评价是指在系统投入运行后，根据运行情况的记录和用户的反映，对信息系统的运行状况和效益所做的分析评价，并以此指出系统改进和扩充的方向。系统评价的内容主要包括系统质量的评价和系统效益的评价。质量评价是指在一定的范围和条件下，为系统优劣程度进行的鉴定。

可以采用以下一些评价的标准和参考指标。

（1）有效性：鉴定信息系统的整体功能是否达到预期的要求，是否充分反映了用户的需求，用户的满意程度如何等。

（2）可靠性：鉴定信息系统是否稳定可靠。

（3）适应性：系统适应环境变化的能力，有无伸缩性和可扩充性。安全性和保密性。

（4）信息质量：鉴定系统提供信息的准确性，完整性和及时性。

系统的效益评价主要是衡量信息系统的开发和运行给用户带来了多大的效益。评价信息系统效益是一项十分困难的工作，因为它具有整体综合性、时间滞后性和形式多样性，既有直接效益，又有间接效益；既可表现为经济效益，又可表现为社会效益。

第二节　企业系统规划

系统规划的主要目的是明确系统在整个生命周期内的发展方向、系统规模和开发计划。信息系统的开发是一项投资大、周期长、复杂度高的系统工程，科学的规划可以减少系统开发的盲目性，使系统具有良好的整体性、较高的适应性、开发工作的层次性，从而缩短系统开发的时间，节约开发费用。可以说，良好的系统规划是信息系统建设获得成功的重要前提，它比具体项目的开发更为重要。从大量的实践中可以总结出以下结论：好的系统规划加上好的系统开发等于出色的信息系统；好的系统规划加上差的系统开发等于合格的信息系统；差的系统规划加上好的系统开发等于差的信息系统；差的系统规划加上差的系统开发等于混乱的信息系统。

信息系统的战略规划主要包括以下四个方面的内容。

第一，信息系统的总目标、发展战略和总体结构。应根据企业的战略目标和内、外部约束条件进行信息系统的战略规划，确定信息系统的总目标和总体结构。其中，信息系统的总目标为信息系统的发展方向提供准则，发展战略则是对完成工作的具体衡量标准，总体结构规定了信息的主要类型以及主要的子系统，为系统开发提供了框架。

第二，当前系统的能力状况。现有信息系统的状况包括软件情况、硬件情况、人员情况、费用使用情况、项目进展状况以及应用系统的情况等，它是制定战略规划的基础和依据，应充分了解和评价。

第三，对影响计划的相关信息技术发展的预测。信息系统战略规划必然受到信息技术发展的影响，对计算机硬件技术、网络技术、软件技术以及方法论的发展变化，应当能够觉察并在战略规划中有所反映，这些是信息系统具有较强生命力的保证。

第四，近期的发展计划。在战略规划适用的较长时间内，应对近期的发展做出具体的安排，主要应包括硬件设备的购置、项目开发时间表、系统维护时间安排、人员资源的需求、资金需求以及人员培训的时间安排等。

目前，已有许多方法应用于信息系统的规划工作，如组织计划引出法、战略栅格表法、企业系统规划法、投资回收法、零点预算法等。这些方法在系统规划中所起的作用和地位是不同的。

一、BSP 方法的基本原则

（一）一个信息系统必须支持企业总的战略目标

基于这种思想，可以把 BSP 看作是一个转化过程，即把企业的战略转化成信息系统的战略。因此，对于某些企业，可以从企业计划中找出它的战略目标，对于没有长期发展计划的企业，了解企业的战略就成为 BSP 研究内容的一部分。

（二）一个信息系统的战略应当表达出企业不同管理层次的需求

在企业内部，不同层次的管理活动往往有着不同的信息需求，所以，有必要建立一个合理的框架，并以此来定义信息系统。一般认为，在任何企业内都存在着三个不同的管理层，即战略控制层、管理控制层和作业控制层。

（三）一个信息系统应向整个企业提供一致的信息

信息的不一致性往往来自数据处理系统的"自下而上"的、分散的开发过程，造成信息在企业各部门中出现形式上、定义上和时间上的不一致。为保证信息的一致性，有必要将数据作为一种资源进行统一管理，制定关于信息一致性的定义、技术实现以及安全性的策略和规程。

（四）一个信息系统应该适应组织机构和管理体制的变化

在企业的发展中，一个好的信息系统，对企业的组织机构和管理体制的变化应具有良好的适应性，决不能削弱或者妨碍管理部门的应变能力。

为了实现上述目的，要有适当的设计技术，这种技术独立于组织机构的各种因素。BSP 采用了企业过程的概念，它是企业的一个基本活动和决策域，与任何组织体系和具体管理职责无关，对于任一类型的企业都可以从逻辑上定义出一组企业过程，只要企业的产品和服务基本不变，则企业过程改变会很小。

（五）一个信息系统的战略规划，应当由总体信息系统结构中的子系统开始实现

针对支持整个企业需求的信息系统规模较大的特点，BSP 采用的基本方法是"自上而下"的识别系统目标、识别企业过程、识别数据，和"自下而上"的分步设计。这样，信息系统就能按部就班地以模块化方式进行建设，并兼顾企业的重点、资金状况和其他因素。

二、BSP 的目标

BSP 的主要目标是提供一个信息系统规划，用于支持企业短期或长期的信息需求，并且它是整个系统规划中不可缺少的部分。其具体目标可归纳为以下几点。

（1）为管理者提供一种形式化的、客观的方法，明确建立信息系统的优先次序。

（2）为具有较长生命周期的系统建设，保护系统的投资做好准备。

（3）为以最高效率和有效地支持企业目标，BSP 提供了数据处理资源的管理。

（4）通过提供符合用户需求和优先的系统，从而改善信息系统管理部门和用户之间的关系，将数据作为企业的一种资源加以确定。

三、BSP 方法的研究步骤

BSP 方法是通过全面调查分析企业信息需求，制定信息系统总体方案的一种方法。

（一）研究项目的确定

经验证明，BSP 研究必须反映最高层领导和某些最高管理部门对企业信息系统发展的观点，研究的成果也取决于管理部门是否向研究组提供企业的现状。另外，研究中所提出的建议也必须得到最高领导层的批准，且一旦批准，企业就要在数年内按照规划提供的方向发展。所以，BSP 研究一开始，就要得到最高领导层的支持和参与，并对研究的范围、目标、应交付的成果等达成一致意见，避免事后的分歧，这是非常重要的。

（二）总体规划准备

研究项目确立之后，应成立由本单位的第一、二把手领导的总体规划研究小组，其成员除专职系统分析员之外，还要有经验的管理人员，顾问可聘请社会上有经验的信息系统专家。对研究组和参与研究的管理人员要进行适当的培训和辅导，管理人员能较好地提供材料，而研究组能充分地利用这些材料。准备工作阶段的主要工作应当是研究计划的制定，内容主要包括研究计划、采访日程表、复查时间表、研究报告大纲以及必要的经费确定。

（三）研究开始阶段

BSP 研究的首项活动是情况介绍，全体研究组成员都要参加。介绍内容包括三个方面。

（1）重申研究的目标、期望的成果、研究的远景以及与企业活动和目标的关系；

（2）由研究组长介绍情况，使研究组成员熟悉有关资料，并讨论有关企业的决策过程、组织职能、开发策略、敏感问题、计划中正在进行着的变化、数据处理部门的形象以及用户对数据处理工作的支持等；

（3）介绍数据处理部门的历史、现状、目前的主要活动以及存在的主要问题。

通过这个阶段的工作，使研究组的成员加深对企业现行的以及计划中的数据处理业务的全面理解。

（四）定义企业过程

企业过程是指企业资源管理中所需的、逻辑上相关的一组决策和活动，这些活动将作为确定信息总体结构、分析现行系统、安排与管理人员面谈、识别数据类以及随后许多研究项目的基础。

定义企业过程是 BSP 研究的重要内容。BSP 强调管理功能应独立于组织机构，从企业的全部管理工作中分析归纳出相应的企业过程，这样设计的信息系统可以相对独立于组织机构，较少受体制变化的影响。

（五）定义数据类

定义企业过程后，下一步工作就是识别和定义由这些过程产生、控制和使用的数据。数据类是指支持企业过程所必需的、逻辑上相关的数据，即将数据按逻辑相关性归类，这将有助于企业数据库的长期开发。

（六）分析现行系统支持

主要目的是掌握目前的数据处理是如何支持企业的，进而对将来的行动提出建议。对目前所存在的组织、企业过程、数据处理和数据文件进行分析，发现不足与冗余，明确责任，进一步增进对于企业过程的理解。

（七）确定管理部门对新系统的要求

BSP 自顶向下的研究方法，决定了在整个规划过程中必须考虑管理人员对系统的要求，用户通过与高层管理者的对话或联系来确认研究组所做工作，明确目标、问题、信息需求和它们的价值，使 BSP 研究组与管理部门间建立新的、更密切的关系。

（八）提出判断和结论

在这个阶段研究组将获得的关于企业的材料，通过与管理部门的会谈做出确认、解释和补充，此外，要对问题进行分析并与企业过程关联起来，以便指导安排项目的优先顺序，并明确地指出信息的改进将有助于问题的解决。

（九）定义信息结构

定义信息结构是由对现行情况的研究转向对将来计划进行综合的主要步骤。信息结构刻画出将来的信息系统和相应的数据，从而使系统和它产生的数据结构化、条理化。由于这项工作是描绘将来信息系统的蓝图，因此全体研究组成员都要加以重视。

（十）确定总体结构中的优先顺序

一个规模较大的信息系统一般不能同时进行开发和实施，研究组要确定系统和数据库开发的优先顺序。所谓优先顺序就是对信息总体结构中各子系统中的项目进行排列，然后根据确定的准则来评定项目的重要性，从而排定开发顺序。

（十一）评价信息资源管理工作

为了实现更完善的信息管理体系，需要对与信息系统相关的信息资源的管理加以评价和优化，使其不断地随着技术和业务战略的变化而改变。

（十二）制定建议书和开发计划

建议书是用来帮助管理部门对所建议的项目做出决策，这些项目是由信息总体结构优先顺序和信息管理部门的建议来决定的。开发计划要确定具体的资源、日程、估计工作规模等，并提交研究成果报告。

最后应按照事先设计好的格式，向最高管理部门提交 BSP 研究成果报告。报告中的各个部分可以在不同阶段完成，其成果报告内容、实施建议要征得最高管理部门的同意。

四、定义企业过程

定义企业过程可以帮助理解企业如何完成其目标，可以有效地支持所开发的信息系统结构独立于组织机构，进而使开发的信息系统较少受体制变动的影响。例如，不管高等院校的招生工作隶属于教务处还是隶属于学生处，其活动过程是一样的。

（一）资源及其生命周期

"资源"的含义在此是广义的，它是指企业或事业单位中被管理的对象。有两类有形资源：关键性资源和支持性资源。关键性资源是指企业的产品和服务，不同的企业，其产品与服务不同。支持性资源是指为实现企业目标而使用和消耗的那些资源，如原材料、资金、设备以及人员等。还有一类是不具备产品形式的管理对象，即战略计划与控制。

资源的生命周期是指一项资源由获得到退出所经历的阶段，一般划分为四个阶段，它们常常被用来进行逻辑识别和组合过程。

1. 需求阶段

对资源的请求、计划以及执行计划要求的度量和控制等活动均属于这个阶段。

2. 获得阶段

包括获得开发中所需资源的一系列活动，如人员的聘用、原材料的购买等。

3. 经营和管理阶段

包括组织、加工、修改和维护那些支持性资源，对产品/服务进行存储和服务的活动。

4. 归宿阶段

指中止资源或服务的活动或决策，标志着资源使用的结束。

资源生命周期的概念有助于研究人员能结构化地、逻辑地、全面地识别过程。

（二）定义企业过程的基本步骤

定义企业过程的基本步骤包括计划和控制过程、产品服务过程和支持资源过程。这三种过程分别对应于企业中的不同方面，它们共同构成了企业的运营框架。通过定义这些过程，可以更好地理解和管理企业的运作。

首先，计划和控制过程涉及到企业的战略规划和管理控制。这包括设定目标、制定计划、监控执行情况以及进行必要的调整。这些过程确保企业能够有效地实现其目标，并适应不断变化的环境。

其次，产品服务过程关注于企业如何生产和提供产品或服务。这包括从需求分析、设计、开发、生产到交付的全过程。通过优化这些过程，企业可以提高效率，降低成本，并提升客户满意度。

最后，支持资源过程涉及为企业运营提供必要的资源和支持。这包括人力资源管理、财务管理和物资管理等方面。这些过程确保企业拥有足够的资源来支持其日常运作和长期发展。

在定义企业过程时，可以参考资源生命周期的四个阶段：需求、获得、经营和管理以及归宿。虽然并非所有资源都严格遵循这四个阶段，但它们提供了一个通用的框架来识别和组织企业过程。根据实际情况，可以对这些阶段进行适当的调整和补充。

五、定义数据类

在企业过程被识别之后，下一步是识别和分类由这些过程产生、控制和使用的数据。数据类是指支持企业运作所必需的、逻辑上相关的数据集合。定义数据类的主要目的是：首先了解当前支持企业过程的数据状况；其次识别在建立信息系统总体结构时需要使用的数据类；再次发现企业过程之间的数据共享情况；最后识别企业过程产生、使用和缺少的数据。

识别数据类的常用方法是企业实体法。企业实体是指与企业相关的、可以独立考虑的事物，如客户、产品、资金、材料、人员等。每个实体都可以用四种类型的数据来描述：第一，计划型数据：反映目标和资源转换的计划值，可能与多个存档型数据有关。第二，存档型数据：反映资源的现状，通常一个数据只与一个实体相关。第三，事务型数据：反映由于获取或分配活动引起的存档数据的变更。第四，统计型数据：反映企业状况，提供反馈信息，多为历史的、综合的数据。

　　为了进一步识别与企业实体相关的数据类，可以使用实体/数据类矩阵。在这个矩阵中，"行"表示数据类型，"列"表示企业实体，并在交叉点上标注相应的数据类。最后，需要对数据类进行定义，并明确它们所包含的具体数据。

　　在过程和数据类都定义后，可以使用过程/数据类矩阵来表达过程与数据类之间的关系。在矩阵中，过程与数据类的交叉点上标注 C 表示该数据类由相应的过程产生，标注 U 表示该过程使用了该数据类。

六、分析当前企业业务与系统的关系

　　在定义了企业过程和数据类之后，需要考察当前的数据处理工作是如何支持企业的。这有助于为开发新的信息系统提供有益的启示和建议。

　　首先，考察现有信息系统对企业过程的支持情况。通过组织/过程矩阵，可以标注哪些组织的过程正在得到应用系统的支持，从而了解哪些过程没有得到支持、哪些只得到部分支持，以及是否有重复的系统等问题。

　　其次，识别当前的数据使用情况。通过系统/数据类矩阵，可以清晰地看到哪个系统使用了哪些数据类，哪些数据类被不同的系统共享。这有助于证明利用数据库技术保持数据一致性的重要性，并为制定实施优先级提供依据。

七、定义系统的总体结构

　　在企业过程和数据类型确定之后，需要研究如何组织和管理这些数据，即将已识别的数据类按逻辑关系组织成数据库，从而形成管理信息，支持企业过程。

　　为定义系统的总体结构，可以使用过程/数据类矩阵。基于结构化分析与设计的思想，大型复杂的信息系统可以分解为易于理解和实现的、相互独立而又相互联系的分系统，即信息系统的主要子系统。通过过程/数据类矩阵，可以将过程和数据类分组、归并，进而形成主要子系统。包括以下几点。

第一，调整过程/数据类矩阵：首先将过程按过程组排列，并在每一过程组中按资源生命周期的四个阶段排列。同时，排列数据类，使 C（产生）尽可能靠近主对角线。通过适当调整过程分组，使 U（使用）也尽可能靠近主对角线。

第二，形成主要子系统：将相关的过程和数据类分组，并用方框框起来，赋予一个名称，这就是主要子系统。用箭头表示落在方框外的 U 与主要子系统之间的数据流关系。

第三，简化结构图：去掉 C 和 U，使用双箭头并重新安排位置，对结构图进行简化。

有时，为了便于信息结构的实现，需要将主要子系统进一步划分为更小的子系统。主要原因包括：首先主要子系统间的相互关系过于复杂，分解后可以使其关系更明确、简单。其次资源限制或其他原因导致并非所有主要子系统的过程都需要高优先级的支持，因此需要进一步划分。最后某些主要子系统规模太大，难以一次性实现，需要分解为较小的单元逐步实施。

根据数据类的使用和产生特点，可以将子系统分为三类：

第一，仅产生数据类而不使用其他数据类的子系统：这类子系统具有较高的独立性。第二，使用其他数据类来产生一个数据类的子系统：即所有非第一类所属的 C 均属于此类。第三，仅使用数据类而不产生数据类的子系统：通常支持度量和控制过程，如报告和监控系统。

在完成子系统的划分后，需要为每个子系统编写功能描述，明确其职责和与其他子系统的关系。

第三节　战略数据规划

詹姆斯·马丁在其著作中指出："早在 20 世纪 70 年代，人们就已经认识到，计算机化的信息对于企业及其他组织而言，是一种极其宝贵的资源。同时，这种信息资源的开发需要来自最高层的规划，这种规划需要形式化的方法，最好与数据库设计相联系，以便于计算机处理。"

虽然许多企业已经意识到信息资源规划的重要性，但很少有人知道如何具体实施。某些咨询公司虽然强调了制定这类规划的重要性，但往往无法提供有效的指导手段来实现所需信息资源的设计。

一、系统开发的策略

詹姆斯·马丁认为，信息系统的开发战略和策略应贯穿始终，其根本出发点在于：第一，计算机化的大型企业信息系统建设是一项重大的投资，具有投资大、开发周期长、性能要求高和技术复杂的特点；第二，计算机化信息系统不仅是一项技术工程，同时也是一个社会工程；第三，计算机化信息系统的建设涉及企业高层管理人员、普通管理人员、专业技术人员、计算机技术人员和其他用户；第四，计算机化信息系统的建设涉及管理科学、决策科学、计算机科学和数学等多学科；第五，计算机化信息系统的建设与企业的信息需求、企业环境、企业内部机制、人员水平等条件密切相关；第六，从长远来看，计算机化信息系统应注重投资效益，特别是可见效益和直接经济效益，缺乏经济效益的系统难以持续。

由此可见，计算机化信息系统的建设是一项技术和社会复杂度都很高的系统工程，必须从实际出发，采取科学、正确的开发策略。为了确保信息系统在企业中的成功开发，正确的方法论和正确的开发策略是必不可少的。从普遍原理的角度，必须考虑以下几个方面的问题。

（1）必须在最高层制定总体规划。就像建造一艘战舰，如果没有整船设计规划就开始零部件的设计和制造，是荒唐且不可思议的。然而，在设计和实施一个复杂程度不低于一艘战舰的信息工程时，许多企业往往在缺乏一个能够将系统各部分组合成统一整体的总体规划下进行。如果没有来自最高层的总体规划指导，将分散设计的子系统或模块组合成一个协调、高效的大系统将极其昂贵，甚至是不可能的。

（2）自上而下的规划与局部设计相结合。建立计算机化的企业信息系统，需注重自顶向下的数据规划和针对不同用户领域的系统进行局部设计。既要对所有数据资源进行高层规划，又要鼓励各子系统开发者发挥主动性和创新精神，进行自底向上的设计工作。

自顶向下的信息资源规划与详细的数据库设计是建立计算机化信息系统方法的两个重要组成部分，二者应相辅相成，相互补充。自顶向下的规划主要目标是实现信息一致性，消除由于计算机历史沿革造成的信息不一致问题。随着计算机应用的普遍化，许多部门拥有自己的计算机和数据资源，导致数据不一致性造成的风险增加。以下五种情况可能造成数据不一致：① 数据项定义不统一；② 数据项结构不同；③ 数据记录结构不同；④ 更新时间不同；⑤ 更新规则不同。

（3）高层管理人员的参与。在很多情况下，数据处理部门发起的总体规划难以成功，原因有二：一是数据处理部门管理者缺乏足够的权限来规定统一的数据定义方式；二是数据处理专家对企业业务活动的理解不足。因此，需要企业的高层管理人员参与信息资源规划的制定工作，并领导该工作的进行。

（4）数据处理部门与管理层的沟通。在许多公司中，数据处理部门与管理层之间的沟通存在障碍。例如，数据处理人员常用专业术语，使管理层难以理解；数据处理部门未能实现其早期承诺；最高管理层不理解参与总体规划设计的必要性和紧迫性；高层管理者有时将数据管理人员视为基层技术人员。詹姆斯·马丁建议采取以下措施加强双方的沟通：① 引入专业的战略数据规划咨询公司；② 为最高管理层播放相关任务的录像，详细介绍与企业具体情况相关的问题；③ 建议最高管理层阅读有关信息系统建设的书籍；④ 安排最高管理层参加相关的短期培训；⑤ 为高级管理人员举办高效的短期业余讨论班，邀请一流专家指导；⑥ 向最高管理层强调，企业或组织的变化往往源于对全局数据使用情况的自顶向下的调查结果。

（5）数据处理的效率。尽管程序员和分析师的薪酬不断上涨，但计算机的价格却在下降，因此许多企业越来越关注数据处理的效率。高级管理层关心的数据处理效率通常以开发新应用项目所花费的时间来衡量。实践表明，结构化程序设计和分析方法并不能有效解决数据处理效率低下的问题。詹姆斯·马丁认为主要有以下 5 个与数据处理效率相关的领域：① 小的变动有时会导致连锁反应，严重影响效率；② 同一实体的数据在不同的文件中采用不同的表达形式，导致联合使用困难；③ 不同部门存在许多类似的工作文件，需要不同的应用程序处理；④ 企业程序中存在大量重复的逻辑结构；⑤ 大多数商业程序使用 COBOL 和 PL/1 语言编写，而使用高级数据库语言可以提高开发效率。使用适当的数据库工具后，终端用户可以自行建立应用程序。

因此，强大的数据库设计应针对上述领域，旨在提高未来数据处理的效率。

（6）数据库投资的回报。开发所需的数据库系统通常成本高昂，开发周期约为 3～4 年，尤其是首次开发的企业，高昂的开发费用和较长的回报周期让它们难以接受。有效的解决办法是，数据库管理人员需提供合理的投资规划，包括研究和执行开发工作的预算及详细设计计划，展示未来系统框架。同时，要向高层管理者说明，从降低当前管理信息系统维护成本和加速应用开发的角度来看，投资新的数据库系统是划算的。

此外，在实际应用中，采用高级数据库语言可以迅速建立一些优先子系统，显示初步成果，增强管理者投资信心。高层管理者还应理解，数据库经费属于基础设施投资，如同安装重要设备，是为了多年运作而设计的。

（7）信息工程。"软件工程"是指规范地说明、设计和编制计算机软件的科学。"信息工程"则是基于现代数据系统，建立计算机化企业所需的一套相互关联的原则。

信息工程的核心是使用计算机存储和管理数据，从中提炼信息。通过总结、提升和规范化成功信息系统的建设技术，形成了信息工程的内容。信息工程的基本前提是，在现代数据处理中，应以数据为中心，使用各种数据系统软件支持数据存储和管理。同时，要求企业数据类型变化不大，数据按实体存储。

二、数据规划的基本步骤

数据规划的基本步骤可以归纳为以下四个主要阶段，即：企业模型的建立；确定研究的边界；企业实体与活动的确定；审查规划结果。下面将详细介绍每个步骤。

（一）企业模型的建立

企业模型，又称企业业务活动结构图，它描绘了企业在经营管理中所具有的职能。不同的企业模型对企业活动的描述详尽程度各不相同。当数据需求映射到企业模型上时，实际上得到的是一个以数据为依据的企业模型，可以看作是企业模型面向数据的一种转换，这种转换可以分解成需要实现的若干数据库。詹姆斯·马丁指出，企业模型应具备以下特点。

第一，完备性：模型应提供组成企业的各个职能范围、各种业务活动以及功能等的一个完整的图表。第二，适用性：该模型应是人们理解企业的一种合理且有效的途径，在分析中所确定的过程和活动，对于所涉及的管理工作应是自然而确切的。第三，持久性：只要企业的目标保持不变，该模型就应该保持正确和有效。只要企业执行的职能相同，企业模型就依然适用。

建立企业模型涉及以下几个步骤。

1. 划分企业职能范围

企业职能范围指的是一个企业中的主要业务领域。例如，一家中型制造业公司的职能范围可能包括业务计划、资金财政、产品规划、人事、生产计划、材料管理、生产、财务、销售、分配以及其他方面。

通过划分企业职能范围，能够了解企业的整体概貌。同时，由于数据库系统要为企业服务很长时间，因此，凡能够预见到的未来的业务活动，都应纳入计划，编入职能结构图。高层管理指导委员会应认真审定所列出的企业职能范围是否完善，并由其确定整个研究开发工作的深度和广度。

在进行规划时，应首先确定自顶向下的规划在企业中所涉及的范围，这个规划可以是面向整个企业的，也可以是面向其中的一个部门或一个下属工厂。

2. 业务活动过程

在企业职能范围建立起来后，需要确定每个职能范围所包含的业务活动过程。通过对每个职能范围分配一些具有代表性的活动过程，可以确定各个业务活动过程。这一步通常先由核心小组提出业务活动过程组，然后由各职能范围的业务人员进行审查和精确化，直到将各职能范围内全部的、准确的以及一致同意的业务活动过程确定出来，最后由核心小组进行汇编。在这一阶段，可能会出现一些异常或矛盾的情况，可以通过召开有关各方代表参加的联席会议加以解决。

每个企业职能范围内都包含一定数量的业务活动过程。职能范围及其业务活动过程的确定应反映出这样一个基本的考虑，即撇开企业当前的组织机构，保持相对的独立性。另外，对确定的业务活动过程应用简明的文字加以定义，例如，"库存管理"可以定义为："由仓库运来的原材料、零件、组件的收发控制和估计库存量的过程。"

一个企业业务活动过程既可以由一个部门独立地完成，也可以由几个部门共同完成。

识别业务活动过程一般缺乏较理想的形式化方法，主要靠有经验的业务人员和管理人员反复提炼。但是可以提出一些参考模型，与上节 BSP 方法中介绍的类似：一个组织提供产品、服务及其相应的支持，按生命周期划分为四个阶段，分别考虑每个阶段内的业务活动过程。

为确定被识别的各个业务活动过程与该企业中各部门负责人之间的对应关系，可以建立矩阵，用这个矩阵去访问各部门负责人，他们会帮助检查所建立的业务活动过程是否有遗漏。总体规划组应该力求准确地确定出所考察的企业或部门的全部业务活动过程，列出一张表并从表中删去重复的业务活动。

3. 业务活动的建立

业务活动是对业务活动过程的细化。对于每一个业务活动过程来说都存在一定数量的业务活动。

业务活动是企业最基本的、不可再分的管理功能，但是业务活动过程和业务活动之间的差别有些是人为的。最好是把企业的职能范围分解成多个功能，每个功能又分解成更低一层的功能，依次逐级向下分解，直到产生最基本的、不可再分的业务活动为止。判断功能是否分解到底的一个有效的方法是能否用一句话说明一个基本活动的内容和目的，如果需要用几句话说明，那么这个活动就可能要继续细分。这句话必须有一个动词，用"动词＋名词"的动宾结构。

这里所指的最基本的活动，要么是一个特定计算机处理过程，要么是一个手工处理过程，也可以是一个并未事先预定的、在某个终端上进行的交互式活动。这些活动可以对照着实体图加以引用。

由实体和活动构成的模型，可以重新组合并消除其中的冗余部分，这里提到的冗余是指企业内部重复性活动，出现这些重复性活动的原因是不知道同样的活动已经在其他部门或场合发生，企业的各个领域都存在扩充活动领域的趋势。这样，具有逻辑关系的活动的集合可以被归并成职能相关的组合。这种组合又被称为逻辑职能范围，逻辑职能范围是形成共享相同数据的信息系统的基础。按这种方式推导出的逻辑职能范围往往不同于企业实际的业务职能范围，因此，企业实际采用的业务职能范围常常不是建立信息系统的最优基础。企业模型建立的过程经常能揭示出企业组织机构中的某些冗余成分或异常情况。所以，在制定数据战略规划的同时，经常导致企业组织机构的改组，并不仅仅限于数据处理部门的改组。

4. 企业业务模型图

一个企业确实需要一张标明该企业职能范围和活动的图表（或称为企业模型图）。因为在一个企业中经常有几百个甚至上千个活动，所以这个图表的规模可能很大。同时，在新系统的研制过程中，图表还需要经常被修改和充实，因此，利用计算机来完成这项工作将会非常方便。

（二）确定研究的边界

将一个企业的各个职能被表示出来后，则必须确定一个合适的规划研究范围或边界。詹姆斯·马丁给出了如下指导性原则：在一个小型企业或密集型的一体化企业中，研究的范围应包括整个企业；在一个联合型企业中，应先在一个公司内进行规划，并将取得的结果用来指导其他公司的规划工作；在一个由多部门组成的复杂的企业内，应先在一个部门内规划，然后进行推广。

战略规划的研究范围将反映该企业的管理方式。在一些企业中，各部门是相互独立和自治的；在另一些企业中，情况可能就恰恰相反。即便在相同工业领域规模相似的企业内，针对前种情况，自顶向下的全局规划工作可在不同的部门内独自进行，而针对后一种情况，如采取集中式管理的企业，规划工作可能同时涉及多个甚至所有部门。所以，全局规划的边界的制定要适当，不要太大。

（三）实体和活动的确定

一旦对职能范围和业务活动过程的确定取得一致的意见后，由执行每个过程的部门或小组着手进行实体和活动的确定，存储有关实体的数据以及与之相关的工作，最后由核心小组汇编形成一个更详细的企业模型。

完成该阶段任务的有效途径是通过培训企业中各个不同职能范围内的有兴趣的用户，由他们与前一阶段确定业务活动过程的系统分析员共同从事确定实体和活动的任务。

（四）评审

全局规划图由于采用不同的方法，可以有不同的形式，一般在信息系统规划中采用直观的图形或图表的表示方法。为使全局规划图能充分正确地指导数据库和系统设计，必须由各个不同职能范围的管理人员以及业务人员对其进行审查。

要求每一个审查者对全局图的所有职能都能详细地了解是不现实的，所以，每个审查者可以先查看规划图的全部职能范围，然后对自己所熟悉的职能范围内容进行深入细致的审查。对全局规划图的审查和调整这一试探性过程是非常关键的，规划图不应过早地"冻结"。由于这些规划图需要经过反复调整，因而应尽量使用计算机作为辅助工具来完成。

詹姆斯·马丁对规划时间提出以下安排：自顶向下的全局规划工作应在6个月内完成。只要有切实可行的规划方法，按一般经验，规划工作的90%都可在6个月内完成，剩下的10%只是一些细微的枝节问题或不确定的问题，这些问题不应该影响规划工作的执行。

在每一个企业中都存在着对企业成功起关键性作用的因素，称为企业关键成功因素（Critical Success Factor，CSF）。关键成功因素总是与那些能确保企业具有竞争能力的方面相关的。在不同类型的业务活动中，关键成功因素有很大不同，即使在同一类型的业务活动中，由于时间、地点以及外部环境的影响等，其关键成功因素也会不同。在多数企业中，通常有 3～6 个决定企业成功与否的因素。

企业关键成功因素与企业战略规划不同，企业战略规划要描述企业的期望目标，企业关键成功因素则是与当前业务的处理和所需要的高性能的关键领域有关，它提供了达到目标的关键的和需要的测量标准。所以，一个企业要获得成功，必须对其关键成功因素进行认真的和不断地度量，时刻注意对这些因素进行调整。

三、主题数据库及其组合

詹姆斯·马丁的战略数据规划的一个重要内容就是企业主题数据库的确定。主题数据库往往与企业业务主题相关，而不是与传统的计算机应用项目相关。例如，对于一个工厂，其主题数据库应是产品数据库，而不是与产品相关的各个独立的存货、订货或质量控制数据库。许多应用项目可以共同使用同一个或多个主题数据库。主题数据库设计的目的是加快应用项目的开发，程序员应使用已存在于有关主题数据库中的数据。

主题数据库有时又称为数据类。在大多数情况下，主题数据库内容的选取和确定仍然没有一套正规化的方法，对于什么样的主题数据库应该存在以及一个记录应该属于哪一个主题数据库等问题仍存在较多争议。另外，为了规划企业的主题数据库，对一个企业进行高层次的全面分析是必要的。因为一个企业的总体规划不仅要考虑主题数据库的问题，还要考虑已存在的或新建的文件以及为特定的应用项目而单独建立的数据库。当给出了许多主题数据库和业务活动过程后，在实现企业信息系统时，还需要把这些主题数据库组合或划分成若干可以实现的子系统，实现的方法请参考本书 BSP 方法中子系统的划分。

（一）确定主题数据库

詹姆斯·马丁推荐了两种方法用于选择和确定主题数据库。

第一种方法是使用实体关联的方法，根据规划出的企业模型，列出与各项业务活动过程相关的基本事物（如产品和机构），形成企业内部的实体集。如中型制造厂的企业模型中包含了设备、原材料、供应商、产品、客户等，对上述每一项实体都可能有基本记录、摘要或统计数据、计划或设计数据，这些数据类型可以写入上述项目中。然后再对这些数据进行仔细分析归类，形成相关的数据类，即主题数据库。

若上述基本事物都能做出生命周期序列，也可将这些相关数据分别写到相应生命周期序列中，则所有数据就可被归并成一些相关的数据类。

第二种方法与 BSP 方法中使用的"输入—活动过程—输出"图类似，首先考察企业模型中的业务过程一览表，写下每一过程所用的输入或产生的输出单证、报表、账册等，它们都是数据的载体，对这些载体中所包含的数据进行分析和归类，便形成了主题数据库。

将两种方法所形成的主题数据库相互参照和修正，最后确定出企业内部的主题数据库。

（二）四类数据环境

詹姆斯·马丁将计算机的数据环境分为四种类型，同时指出，一个高效的企业应该基本上具有三类或四类数据环境作为基础。

第一类环境：文件。当建立一个应用项目时，由系统分析员和程序员根据需要而分散地设计的各种数据文件，它不使用数据库管理系统。对于大多数应用项目，都使用这类独立的文件。特点：实现过程相对容易、简单。

第二类环境：应用数据库。分散的数据库是为各个独立应用项目而设计的，使用了数据库管理系统，但其数据共享程度低于第 3 类环境，高于文件环境。特点：实现起来比第 3 类数据环境简单。

第三类环境：主题数据库。经过科学的数据分析，数据库的建立基本上独立于具体的应用，数据的设计和存储独立于它们的应用功能。特点：需要详尽的数据分析和模式化，该类数据环境建立后维护费用较低，这将导致更快的应用开发和用户与数据库直接交互。它需要改变传统的系统分析方法以及数据处理管理方式。

第四类环境：信息检索系统。这是一类为自动信息检索、决策支持系统和办公室自动化所设计的，而不是为专用的计算机和事务管理所设计的系统。它可以保证信息检索和快速查询的需要，具有任何时刻动态地添加数据项到数据库；软件是围绕着倒排表和其他的数据检索技术设计的，具有良好的终端用户查询和报表生成能力。特点：较传统的数据库系统有更大的灵活性以及动态可变性。

在主题数据库与业务活动过程确定之后，有必要将这些主题数据库组合成可以实现的系统或子系统。业务活动过程按生命周期的顺序排列，一个主题数据库使用的数据至少由一个过程产生。如果一个主题数据库中的数据是由多个过程产生，此时应考虑将该主题数据库分解成多个主题数据库。

（三）绘制系统总体结构图

接下来，与 BSP 方法类似，通过适当调整主题数据库的顺序，使字母 C 出现在矩阵对角线位置上。然后用方框把过程和数据库整合成主要的系统区域。当有字母 U 落在任一方框外时，则表示存在一个子系统到另一个子系统的数据流。最后删去字母 C、U，并给各子系统命名，画出系统总体结构图。

第四节　战略数据规划的执行过程

一、企业的实体

实体是数据存储的载体，它可以是具体的，如雇员、零部件、汽车等，也可以是抽象的，如产品规格、预算、采购等。一个典型的中等规模的企业大约有几百个实体，而且实体集合不会随时间的推移而有大的变化，除非企业进入一个不同的业务领域。

　　企业的每个实体至少有一个对应的记录类型，有时称为实体记录。一个实体通常具有一个标识它的唯一数据项，这个数据项称为实体记录的主关键字；当有多个记录与同一个实体相关联时，唯一标识则是由多个关键字相连接组成的。

　　企业中的实体通常由用户分析员来确定。他们具有关于该组织如何工作的广泛知识、业务背景和经验，他们不需要计算机方面的知识，仅需要接受必要的识别实体的培训。不同的用户分析员经常会用不同的名字命名同一实体，所以需要建立一个同义词字典，从而消除重复的实体。

　　另外，高级管理人员参加实体分析可以控制实体选择的能力，使其适用于整个信息系统。大量的经验证明，实体分析过程越来越明显地需要非数据处理的高级管理人员参加，实体分析结果的质量与他们的素质密切相关。

二、实体图和数据模型

　　实体图是对企业实体的概括，它通常省略了实体间大量的复杂连接。数据模型则是对终端用户观点的一个全面综合，并结合稳定性分析执行的结果而产生的，它是对企业更精确的描述。全面的数据模型化工作要比确定企业的实体花费更多的时间，因此保持最高层管理者对它的兴趣是非常重要的。在进行实体分析和数据模型建立的过程中，切实要反映企业的真正的信息需求。

　　为了进行数据库设计，一种普遍有效但也有缺陷的方法是确立实体，并记录与实体有关的属性。在尽可能的情况下，每个属性表都要转换成第三范式。但这种方法只适用于理论讨论的简单环境中，在一个现实组织机构的复杂环境中，这种方法难以给出满意的结果。所以，为设计良好的数据库，实体分析和数据模型化方法应交叉进行，相互促进。

三、自顶向下的规划和自底向上的设计

　　为使规划工作顺利进行，应建立由经验丰富的人员组成的工作组，他们可以从本单位或社会上的咨询机构中选取。外来顾问必须是能够提供一套成

熟的、科学的方法的专家。对于大型企业，要完成一个自顶向下的规划设计，其核心小组应包括：数据处理管理人员、系统分析领导者、资源管理者、财务总监、企业业务经理、企业服务经理等。核心小组成员应由外来顾问进行培训和指导。

在《战略数据规划方法学》著作中描述了自顶向下的规划与自底向上的设计过程。自顶向下的规划过程与自底向上的设计过程不是独立的和相互排斥的，而是构成一个有机的整体，后者不但是前者的延伸，而且后者产生的反馈信息又可能会引起前者的全局调整。采用自顶向下的规划方法进行数据规划，确保了信息的一致性，提高实体组或每个实体主题数据库系统开发的效率；采用自底向上的设计方法，则可以充分利用开发工具的支持，两者相辅相成，构成系统开发的一个完整过程。

四、实体—活动分析

本节讨论使用实体以及与之相对应的活动，对企业使用的数据给出一个精细的分解图，并导出一个正确地把实体聚集成主题数据库的方法。

（一）企业功能分解

一个功能是指企业要完成的一项任务，每个功能可以进一步细分为更低一级的功能，以此类推，直至分解为一系列基本活动。詹姆斯·马丁认为，企业功能的分解应根据实际情况进行操作，决不要把分解作为完全确定的，总会有某些活动没有被发现或以后添加了新的活动，模型可以不断修改。同时，詹姆斯·马丁建议自左向右横着绘制层次结构图，因为在实际情况中，在每一水平层上有很多项，竖着画比较困难。

当一个功能向下分解为一些底层功能时，重要的是要保证这些底层功能是充分的，而且它们中每一个功能对于全局目标来说都是必要的。因为模型建立者应该确信它们的实体活动模型能经受得住组织机构的变化，而只有当活动是必要的且是充分的情况下，这才是正确的。实体活动分析有时能发现当前企业中某些活动是多余的或是不必要的，从而导致企业部门和管理结构的重组。

（二）建立实体—活动对应关系

通常每个活动都与多个不同的实体相关。心理学研究表明，大多数人在处理 7 个以上的事件时会遇到很大困难，因为一个人的短期记忆能力大约是 7 个。所以，一个典型的活动使用的实体不要超过 7 个，如果超过了，那么就将其在业务图上分解成多个活动。

根据前面讨论的实体图，随后就要建立业务模型和实体活动。实体图和功能分解两者可能都不完全，应随着时间的推移加以修改和充实。在开始时得到的是一个比较粗糙的全局概况，而后详细的数据模型化和计算机过程设计要花费较长时间，在进行仔细工作之后，就可以更新功能分解图、实体图以及它们相互参照的数据库。

绘制功能分解图、实体图和数据模型化都是较复杂的工作，难以手工维护，必须使用计算机化的工具。

注意：自顶向下规划不应该只做一次，不再重复。在大型组织中，BSP研究有时被认为是很难进行重复的，然而，大多数组织都会经常发生变化，自顶向下的方法学应该与这些变化保持同步，并能及时更新。本节描述的战略数据规划方法就具有这种特征，在需要的情况下，它们还可以和 BSP 研究联系起来，并且对它进行改进。

五、企业的重组

企业管理人员在参与实体活动分析时，经常提出"活动应该是什么"的问题。他们也许会发现当前实施的某些活动是多余的，或者某些活动可能以一种控制不佳的方式在运行，或者可以有更好的活动来替代它们。

另外，实体分析的过程和结果提供给高层管理人员解决"企业和部门应该怎样改变""如何更好地适应外部环境"等问题的一种有效手段。所以，实体活动分析有时会导致过程的重新考虑，导致企业部门和管理结构的重组，这是常有的事情。进行实体分析研究的人员配备最好是长期由一小部分核心人员担当，从而保持研究的持续性。

六、分布式数据规划

随着计算机技术、通信技术以及网络技术的迅猛发展，具有分散数据的分布处理方式也得到日益广泛地应用。另外，分布式处理方式使数据由原来的集中式处理转变为在用户部门完全控制下的分散式处理，数据的精确度明显提高，保密性和安全性得到增强。与此同时，数据的分布式处理方式对自顶向下的设计和控制也提出了更高的要求，在其著作中，詹姆斯·马丁对分布式数据规划的过程予以了详细的分析。

分布式数据的 6 种方式：复制的数据、子集数据、重组数据、分区数据、独立模式数据和不相容数据。

另外，分布式数据战略规划的建立还有一些需要考虑的复杂因素，如网络的可用性、存储设备的费用、传输费用、软件以及办公位置等等。数据的战略规划需要花很长时间才能完成，而上述参数在这段时间内是不断变化的，所以，数据战略规划最初应该建立一个不考虑地理位置的、逻辑的数据图表。

第五节　原型化方法

一、原型化方法的思想

结构化方法是信息系统开发的重要方法之一。通过前面的学习，我们知道这种方法要求系统开发人员和用户在系统开发初期就能对整个系统的功能有全面、深刻的认识，能对应用需求建立一套完备、一致且正确的说明，并制定出每一阶段的计划和说明书，使以后的工作围绕这些文档进行。即在系统建立之前，可以预先知道用户的最终要求，然后围绕这些需求进行下一步的分析与设计。然而，实践证明，采用这种方法建成的信息系统，用户仍然可能觉得系统不符合要求，或不完全正确，或不完备等。

另一方面，随着计算机技术的飞速发展和对社会各个领域的不断渗透，用户数量在不断扩展，同时不断提出新的应用需求。而结构化的设计方法涉及面广、参与人员多、开发周期长，往往系统的建成之日就是它的淘汰之时。因此，必须大力提高系统开发生产率，快速建立与用户需求相匹配的应用系统，防止大量应用问题的堆积。

回顾各种系统开发方法并结合实践经验可知，要在开发过程中提高生产率，很大程度上依赖于解决需求定义问题。结构化方法试图仅仅通过使用描述性的语言和图形文档技术来建立一个最终是完备的需求规格说明，这将是十分困难的。因此，需求定义的一种变通方法得到广泛使用，它是在获得一组基本需求之后就快速地加以"实现"，随着用户和开发人员对系统理解的不断加深，对这些需求进行补充和细化，系统的定义是在逐步发展的活动中进行的，而不是一开始就预见一切，这就是原型化方法。所以，可以认为原型化方法是确定需求的一种策略，它对用户的需求进行抽取、描述和求精。

与结构化方法中采用的预先定义的方法相比，原型法最大的特点在于，只要对系统有一个初步的理解，就快速地加以实现，第一个模型将作为以后各方之间沟通的基础，使得它们能够进行更有意义的对话。随着项目参与者对问题以及可能答案的理解程度的加深，模型会被逐步地细化和扩充，直至建成并投入运行。

二、原型定义策略

结构化生命周期法特别强调了需求定义对于系统或项目成功的重要作用。如果用户需求不能被预知或错误地理解，那么后面阶段的工作就失去了意义。为了进行需求定义，有必要知道以下一些情况。

① 约束条件：业务环境为应用系统带来的某些限制，如预先确定的接口和相关政策；② 系统输入：每个系统输入的定义及其特征，如数据元素的内

容、格式、范围、保密性等；③ 系统输出：每个系统输出的定义及特征，如媒介、频率、数据元素的内容和保留时间等；④ 数据元素：数据元素的特征和属性定义，如格式、名称、同义词、编辑标准和保密等；⑤ 系统数据需求：系统中的数据定义以及数据间的关系；⑥ 转换：新旧系统如何转换；⑦ 功能：系统必须完成的逻辑转换，转换对象及时间，制定系统应该完成的确切操作；⑧ 控制/审计/保密：系统如何确保性能、数据完整性和操作的正确性、审计跟踪和保密性，如何控制系统错误；⑨ 性能/可靠性：是指系统的性能特征以及耐故障能力的强弱。

以上提出了需求定义的基本内容，并未包含一切，但从中也能说明需求定义在本质上是一项严谨而艰巨的任务。从实用上讲，需求定义还必须具备下述的一些属性。

① 完备性：所有需求都必须加以适当说明；② 一致性：需求之间在逻辑上应该没有矛盾；③ 非冗余性：不应有多余的、含混不清的需求说明；④ 可理解性：需求应是明确可辨的，参加各方应能以一种共同的方式来解释和理解需求；⑤ 可测试性：需求必须能够验证；⑥ 可维护性：文档的组织应该是可灵活修改和易读的；⑦ 正确性：所规定的需求必须是用户所需要的；⑧ 必要性：需求应是准确和完整的。

由上可见，需求定义是一项艰苦的工作，也是系统成功的关键一步，必须得到足够的重视。大量成本分析表明，随着开发生命周期的进行，改正错误和在改正错误时引入的附加错误的代价是呈指数增长的。研究表明，其中60%～80%的错误来源于需求定义。因此，人们对保证提供高质量的需求定义技术产生了很大的兴趣。

当前，较多的部门采用的需求定义方法是预先定义或称为严格的定义方法。与此相对应，原型化方法是基于人们对物理模型的理解远比对逻辑模型的理解来得准确。考虑到用户有时也难免有判断错误，也不可能在系统开发过程中提出更多、更好的要求，所以，原型法采用了一种与预先定义法完全不同的观点来看待需求定义问题。预先定义方法和原型化方法的开发策略基于完全不同的假设。

由此可见，原型化方法的假设比预先定义方法能够提供更开明的策略。如果能把原型作为对现实的一个近似的解答而接受，那么通过进一步的完善，使得生命周期的费用、实现的进度以及项目风险均能达到较为满意的程度。

三、原型化方法分类

原型化方法主要可以分为丢弃式原型法和演化式原型法。

（一）丢弃式原型法

丢弃式原型法是将原型系统作为用户与开发人员之间进行通信的媒介，并不打算将其作为实际系统运行。开发该类原型的目的是对最终系统进行研究，使用户和开发人员借助该系统进行交流，共同明确新系统的需求。使用这种方法时，原型开发过程可以作为结构化生命周期法的一个阶段，从而与结构化生命周期法紧密结合。原型法通过扩展定义阶段，使用户在一个小生命周期内获得实际体验，这种体验对于发现最终需求非常有帮助和必要。它通过正常的迭代避免了非正常的反复。在定义阶段结束时，所有参与者都会抱有信心，因为在该阶段中，系统相关方都直接感受、参与和完善了系统。

由于原型系统在评审和开发后将被放弃，因此要求其开发费用低且开发速度快，通常利用现有软件工具及环境作为支持。

（二）演化式原型法

演化式原型法的开发过程通常包括系统设计、系统实施和演化三个阶段。其基本思想是先按基本需求开发一个系统，该系统可能只能完成一项或几项任务，但让用户先使用起来，随着用户使用和对系统的了解加深，原系统的一部分或几部分可能不再满足用户要求，需要重新设计、实施和安装。按演化式原型法开发的系统即为最终系统，可立即投入正常运行。由于在开发过程中进行了多次修改，并且用户经常对其进行评估，因此开发完成的系统能够很好地满足用户需求。

采用演化式开发方法时需要注意在工程实施过程中加强管理和控制，必须围绕系统的基本需求进行，否则会引起无休止的反复，导致时间和费用失控。

（三）原型法的优点

1. 增进了用户与开发人员之间的沟通

原型法展示给用户的是可以实际运行的原型系统，用户"看得见，摸得着"，从而能够清晰地将意见传递给系统分析师。在传统开发方法中，用户主要通过阅读系统分析和设计文件来了解系统，并表达对系统的意见。

2. 以用户为中心开发系统

在结构化方法中，用户主要在系统分析阶段参与较多，而采用原型法进行系统开发，用户将在整个开发过程中起主导作用，随时提供第一手资料，帮助开发者理解用户的实际需求。

3. 辨认动态的用户需求

系统分析的难点之一是用户与开发者之间的沟通，特别是那些难以用语言文字描述的动态需求。可实际运行的原型系统有助于开发者发掘和验证这些需求。

4. 启迪衍生式用户需求

衍生式需求是指系统投入运行后，用户有了使用经验而提出的需求。在系统投入运行前，有些功能用户无法预见。原型系统在整个开发过程中可以启发用户的这些衍生需求，并将这些需求告知开发者。

5. 缩短开发周期，降低开发风险

原型法以用户为主导，可以更有效地识别用户需求，不仅缩短了系统分析的时间，还减少了开发人员对用户需求的误解，降低了系统开发的风险。

此外，原型法可以较早地发现错误和漏洞，有效降低系统开发和维护的成本。

原型化是对应用开发的一个挑战，如果每个原型都单独建立，需要做大量的重复工作。但现在已经总结出一套基本的准则和策略，有助于整个原型开发过程。有效利用这些准则和策略，使大多数原型化过程只需要分析应用的某些特殊部分，而多数功能、结构和用户界面可以从其他模型中得到借鉴和重用。

原型化的准则提供了一套原型开发的思想方法，原型化策略提供了一系列原型开发的有效方式。它们系统地阐述了原型的建立方法和操作指导。

（四）原型化的准则

1. 大多数应用系统都能从一个小的系统结构集合中导出

大多数传统的业务应用系统可以从几个基本系统结构中导出，虽然外部特征可能掩盖了共性，但许多常规系统已多次被构建，无需从头开始。该系统结构集合由 8 个基本的系统模型结构组成。

（1）成批编辑/修改：将用户输入汇集成批，定期输入给系统。

（2）成批生成报表：从系统数据库中以近期和成批的方式生成标准的和（或）非标准的报表。

（3）成批转换：一批程序定期应用于多种转换逻辑中，修改指定的数据库。

（4）成批对接：定期在系统之间生成一个或多个输入/输出的成批对接。

（5）联机结构化修改/查询：定期在用户和系统之间生成事务。

（6）联机特殊查询：系统可处理的随机性特殊查询。

（7）联机界面：定期在实时应用之间生成一个或多个系统对接。

（8）联机报表生成：在响应事务时，报表可以立即打印或推迟成批打印。

2. 大多数系统使用一个常用的和熟悉的功能集合

一个基本功能的通用集合经常出现在大多数传统应用系统业务中。

以上功能是实现应用系统的基础，尽管各应用系统在上述基本功能上存在一些细微差异，但这些差异需要在后续讨论和处理中解决。

先提交一个系统的核心和框架，尽管还不成熟，但仍有利于用户需求的讨论。

3. 大多数的输入编辑能从一个小的编辑模型集中导出

采用一个熟悉和可重复使用的通用和一般的编辑集合，用于确保系统输入的合法性，因此上述问题可以简化为：第一，识别每个输入所需的一般编辑的子集；第二，识别应用所需的特殊编辑。这可以留待以后的迭代中完成。

对于应用系统中数据的输入，通常需要进行恰当的编辑，目前已经有了一般的编辑规范。如果根据实际需要提出对编辑的特殊要求，很难给出固定的准则。目前可以归纳出一部分常用的一般编辑的作用和功能，但应用系统中对编辑的特殊要求可能会很复杂。大量的布尔逻辑和算法可能需要为特殊应用系统提供特定的环境。

尽管如此，建立参考编辑模型允许用户清晰地提问，推动编辑工作，并以最少的说明建立初始模型的工作外壳。

数据库中的数据可以通过一个非过程化的报表生成器，在用户参与下生成批处理报表。如果提供了查询语言和用户友好的报告书写器，大多数报表生成工作可以由用户完成。

原型化的报表生成后可以分为两类：一是由数据库驱动的报表生成；二是可以延迟到以后的迭代中的报表生成。用户可以直接帮助开发报告。

以上开发原则提供了一种基本想法，即快速原型化过程是有依据和合理的。如果每个项目和系统都以各自的方式从头开始调查，并且要求快速构建这些不熟悉的系统，这几乎是不可能的。上述事实总结并提供了这样一种看法：在原型开发中，原型工作者只是在"剪裁和粘贴"那些已经多次建立过的东西。虽然从用户的角度看，系统似乎各不相同，少有共性，但对于有经验的模型开发人员来说，能够找出系统的基本功能和共性，利用它们以前多次开发过的模型进行"剪裁和粘贴"，并进行必要的增补，从而快速建立一个新的模型是可能的。

第八章 信息系统安全管理

第一节 信息资源安全管理综述

在信息资源的开发、管理和利用过程中，安全问题是一个非常重要的问题。信息资源安全涉及的领域相当广泛。一般来讲，它至少应当包括以下四个方面的内容：第一，从信息处理的要求看，主要指信息的完整性、保密性和不可否认性。第二，信息组织的层次看，主要指信息的可控制性、可计算性和互操作性。第三，从信息运行的环境看，主要指各种硬件设施，即物理安全。第四，从信息管理的观点看，主要指各种各样的规章制度、法律法规，以及人员安全性等。

由此可见，信息资源的安全范畴要比一般意义上的计算机安全、网络安全等更广泛。信息资源安全针对信息的采集、传输、加工、存储和利用的全过程以及与这一过程相关的信息及其载体、各类硬件设备和软件等被非法破坏、窃取和使用。

信息资源的安全，通常可以从两个方面加以保证，即技术安全和管理安全。其中，技术安全是一种被动的安全保护措施，是在信息资源受到攻击的情况下发挥作用。而管理安全则是一种相对主动的安全预防措施，在信息资源的安全保护体系中，往往占有更重要的地位。在实际工作中，我们必须两种方法并举。

一、系统授权与数据加密技术

在信息资源的安全管理技术中，系统授权与数据加密技术是一项被广泛应用的技术。系统授权是用户存取权限的定义。为了防止非法用户进入系统，以及合法用户对系统的非法使用，必须根据预先定义好的用户操作权限进行存取控制，以限定用户只能存取其有权使用的数据。系统授权是保护系统安全运行的一项重要技术措施。

更进一步，为了保证在数据的正常存储和通信传输过程中不被非法用户窃听或修改，必须对数据进行必要的加密。这样，即使别人窃取了数据（加密后的数据称作密文），也会因为无法识别而放弃使用。使用数据加密技术，不仅可以进一步保证信息的安全，而且还可以保证信息的完整性和正确性，以防止信息被篡改、伪造和假冒。

（一）系统授权

在一个大的应用系统中，数据的安全和保密是一个非常棘手的问题，除非每个用户只能存取他所需要的信息。因此，一个安全系统的首要条件，就是必须具有鉴别所有进入系统的用户合法性的手段。

1. 授权方案

授权方案应该满足系统安全需求和用户需求。对系统管理者来说，要控制用户（主体）的身份、存取方式及存取对象（客体）。用户身份不仅代表他是系统的合法使用者，而且也包括他应该使用哪一台终端和哪些系统程序，因为在某些情况下，对一些敏感信息对象的使用只允许在指定的终端上进行。利用系统授权来控制主体对客体的访问，可以有效地提高系统的安全性。

系统授权可以控制的访问对象包括数据（数据库、文件、记录、字段等）、应用程序、设备（终端、打印机等）、存储介质（磁带、磁盘、光盘等）、各类系统资源等。

一个授权方案由两部分组成，一部分是授权对象集，另一部分是由授权对象所决定的用户提出的申请是被允许还是被否定（控制规则）。要认真研究并选择一种授权方案，使它能够在系统的全部作用范围内控制所有的访问请求。

2. 授权实施

对每个需要保护的客体必须按照安全要求，预先标识一组相应的安全属性，并以此鉴别，确定对客体的访问是否允许。上述安全属性是一份规范的表格，称为存取控制表，它是对通用对象保护的一种方式，一个对象有一个表，用来指出哪些主体对该对象具有哪些存取权。同理，对每个主体设置相应的安全属性表（或称授权表），用以标明或确认它访问客体的能力。这里标识的作用就是通常所说的授权，即标明或确认哪些主体有权访问哪些客体，所确定的访问权限是指被允许的访问方式和安全的访问过程。

通常系统将授权清单经编译后存储在系统的数据字典中，在用户发出存取数据的请求后，系统查找数据字典，根据用户授权表对用户请求进行合法性检查，若用户的请求超过了定义的权限，系统拒绝用户的请求。授权编译程序和合法性检查机制一起组成了授权安全子系统。一个授权系统通常采用以下两种技术措施：

（1）识别与验证

系统能够识别每个合法用户的身份，并通过特殊标识符、口令、指纹等对其合法性进行验证，而且要保证任意两个不同用户不能有相同的标识符。只有识别和验证都通过后，系统才允许用户进入系统，这是目前各种应用系统普遍采用的安全保护措施。

（2）确定用户访问权限

对于已被系统识别与验证的用户，还要对其访问操作实施一定的限制以确保资源共享情况下信息的安全可靠。通常可将用户分为几种类型并授予不同的权限：

第一，超级用户：即系统管理员，具有最高级别的授权，可对系统内的所有资源进行存取访问，并且具有所有类型的访问、操作能力。

第二，一般用户：即系统的普通用户，只允许访问系统中的有限资源，通常需要由系统管理员来为其分配访问控制权力。

第三，审计用户：负责整个系统范围的安全控制与资源使用情况的审计。

第四，作废用户：被拒绝访问系统的用户，可能是非法用户。

（二）数据加密

数据加密，就是按照预先约定的变换规则（加密算法）对需要保护的数据（明文）进行转换，使其成为难以识读的数据（密文）。数据加密的逆过程，即由密文按对应的解密变换方法（解密算法）恢复出明文的过程称为数据解密。确定的加密算法只能在明文和密文之间进行一对一的转换，这就限制了加密算法的应用价值。为了使加密算法能被许多人共用，在加密处理过程中又引入了一个可变量——加密密钥。这样，不改变加密算法，只要按照需要改变密钥，也可以将相同的明文加密成不同的密文。通常，加密和解密算法的操作都是在一组密钥的控制下进行的，分别称为加密密钥和解密密钥。密钥是加密体系的核心，其形式可以是一组数字、符号、图形或代表它们的任何形式的电信号。

根据加密密钥和解密密钥是否相同，数据加密技术在体制上分为两大类：单密钥体制和双密钥体制。

1. 单密钥体制

单密钥体制又叫做常规密钥密码体制，其加密密钥和解密密钥是相同的。系统的保密性主要取决于密钥的安全性，必须通过安全可靠的途径将密钥送至接收端。如何产生满足保密要求的密钥，是单密钥体制设计和实现的主要课题。另外，密钥管理是影响系统安全的关键因素，即便密码算法设计得再好，若密钥管理问题处理不好，就很难保证信息系统的安全保密。

单密钥体制中最常用的加密算法是数据加密标准 DES，它最早由 IBM 公司研制，并于 1977 年被美国定为联邦信息标准，国际标准化组织 ISO 也将它作为数据加密的标准。DES 采用分组密码方式对明文进行加密，数据的分组长度是 64 位，密钥长度也是 64 位。在硬件实现上，加密速度可达 55 兆比特每秒；在软件实现上，加密速度可达 100 千比特每秒。

2. 双密钥体制

双密钥体制又叫公开密钥密码体制，它最主要的特点就是加密和解密使用不同的密钥。采用双密钥体制的每个用户都有一对选定的密钥，其中加密密钥（即公开密钥）是公开信息，并可以像电话号码一样进行注册公布。而解密密钥（即秘密密钥）是需要保密的。加密算法和解密算法彼此完全不同。根据已选定的加密算法和解密算法，即使已知加密算法的完整描述，也不可能推导出解密算法。这给加密技术带来了新的变革。

双密钥体制的主要特点是将加密和解密能力分开，因而可以实现多个用户加密的信息只能由一个用户解读，或实现由一个用户加密的信息使多个用户可以解读。前者可用于在公共网络中实现保密通信，而后者可用于对信息进行数字签名。

在双密钥体制中，最有名的是由美国麻省理工学院提出的 RSA 算法，它被 ISO/TC97 的数据加密技术分委员会推荐为公开密钥数据加密标准。RSA 也采用分组密码方式对明文进行加密，目前 RSA 主要采用硬件实现，其加密速度最高可达 64 千比特每秒。

双密钥体制的主要优点是增加了安全性，因为解密密钥无需传给任何人，或无需与任何人联络，且无需委托他人。而在单密钥体制中，总是存在截取者在该秘密密钥传送时发现它的可能。双密 KeyEvent 密体制的另一个优点是提供了一种数字签名的方法。公开密钥的证实提供了不可否认性，可用于具有法律效力的文件。

双密钥体制的主要缺点是速度问题。常用的单密钥加密算法显著快于任何可用的公开密钥的加密算法。

对数据加密而言，最好的解决方法是将双密钥体制和单密钥体制结合起来，以得到两者的优点，即安全性和速度。双密钥体制很好地解决了密钥分配的问题，但它并不能代替单密钥体制，只不过是单密钥体制的补充，以获得更高的安全性。

二、计算机病毒的防范

计算机病毒是一种特殊形式的计算机犯罪，其产生和蔓延对信息资源的安全构成了巨大威胁，同时也暴露了信息系统本身的脆弱性和安全管理方面的不足。随着计算机病毒在种类和技术手段上的不断发展，其危害性日益加剧，成为威胁信息资源安全的主要原因之一。为此，世界各国都在积极寻找预防和消除计算机病毒的有效途径。

计算机病毒是人为制造的，能够通过某种途径潜伏在计算机的存储介质（如磁盘、可执行程序或数据文件）中，并在特定条件下被激活，对信息系统资源产生破坏作用的一种程序或指令集合。与其他程序不同的是，当它被输入到正常工作的计算机后，不仅会破坏原有信息，还会自动进入相关程序进行自我复制，扰乱正在运行的程序，破坏程序的正常运转。由于其具有类似微生物的繁殖能力，因此被称为"计算机病毒"。

（一）计算机病毒的基本特征

1. 可传染性

计算机病毒通过其再生机制，能够自动将复制品或其变种传染到其他程序体上。例如，它可以在运行过程中根据病毒程序的中断请求随机读写，不断进行病毒体的扩散。病毒程序一旦加载到当前运行的程序体上，便会开始搜索其他可感染的程序，从而使病毒扩散到磁盘存储器和整个计算机系统。在网络环境下，计算机病毒的传播速度更快，对系统的破坏性也更大。传染性是计算机病毒最根本的特征，是判断一个程序是否为病毒的首要条件。

2. 潜伏性

计算机病毒具有依附于其他媒体寄生的能力。一个编制巧妙的病毒程序可以在合法文件中隐藏数天甚至数年而不被发现，直到满足特定条件后才被激活并进行破坏活动。在潜伏期间，系统的备份设备（如磁盘驱动器）会复制病毒程序，将其传播到其他部位。病毒的潜伏性与传染性相辅相成，潜伏性越好，病毒在系统中存在的时间就越长，传染的范围也就越大。

3. 可触发性

计算机病毒通常设有一个触发条件，能判断该条件是否成立。一旦条件满足，病毒程序便会按照设计者的要求在某个点上激活，对系统发起攻击。预定的触发条件可能包括特定的时间或日期、特定用户识别符的出现、特定文件的使用、文件使用次数等。计算机病毒的可触发性本质上是一种逻辑炸弹，它受外界条件控制激发过程，从而使潜伏在计算机系统中的病毒不易被察觉。

4. 欺骗性

计算机病毒常采用脱皮技术、改头换面、自杀技术和密码技术等多种欺骗手段来逃避检测，使其有更长的隐藏时间来实现传染和破坏目的。

5. 衍生性

计算机病毒是一段可执行的程序，由若干模块组成，体现了设计者的某种设计思想。一旦被恶作剧者或恶意攻击者模仿或修改，就会变成一种不同于原病毒的新型计算机病毒。

6. 破坏性

计算机病毒不仅占用系统资源，还可能删除文件或数据、格式化磁盘、降低运行效率或中断系统运行，甚至导致整个计算机网络瘫痪，造成灾难性后果。病毒对系统的破坏程度取决于其设计者的意图。

（二）计算机病毒的种类

计算机病毒种类繁多，目前已发现的有 5 000 多种，常见的有 100 多种。根据工作机理，计算机病毒可分为以下五类：

1. 引导型病毒（初始化病毒）

该病毒附着在磁盘的引导部分，当计算机系统启动时，它取得系统控制权并驻留内存，从而在系统运行期间对系统进行控制。它通过截获系统中断，监视系统活动，寻找任何要读取、写入或格式化的软盘。一旦磁盘被插入并访问，病毒会将自己复制到磁盘的第一扇区，替代原有的引导程序。此类病毒包括"大麻"病毒、"磁盘杀手"病毒等。

2. 操作系统型病毒

该病毒附着在一个或多个操作系统模块或设备驱动程序上。它在系统运行时进入系统，并在操作系统启动时被加载到内存中，获取系统控制权，替代原合法程序或模块，不断扩散。此类病毒有"巴基斯坦"病毒、"黑色复仇者"病毒等。

3. 入侵型病毒

该病毒以插入的方式将自己或其变种粘附到现有宿主程序体中间，并对宿主程序进行修改。病毒程序一旦入侵到现有程序中，不破坏主程序就难以消除。因此，该病毒的检测和解决较为困难。

4. 文件型病毒

该病毒能够感染任何应用程序。程序被感染后，病毒将获得控制权，并在控制返回到应用程序前对系统进行扫描。此类病毒包括"耶路撒冷"病毒、"魔鬼跳舞"病毒等。

5. 外壳型病毒

该病毒将自身的复制品包围在宿主程序的四周，对原来的程序不作任何修改。在运行宿主程序时，病毒首先进入内存。此类病毒有"黑色星期五"病毒、"扬基都德"病毒等。

（三）计算机病毒的结构及破坏机理

计算机病毒的结构由感染标志、感染模块、触发模块、破坏模块和主控模块五个部分组成。

1. 感染标志（病毒签名）

当病毒感染宿主程序时，会将感染标志写入宿主程序，作为该程序已被感染的标识。病毒在感染某一程序前，会先检查其是否带有感染标志，若已感染则不再重复感染。

2. 触发模块

该模块通过判断触发条件来控制病毒的感染和破坏动作，使其在隐藏状态下进行操作。

3. 感染模块

该模块负责病毒的扩散，将病毒代码链接到宿主程序上，完成感染动作。

4. 破坏模块（表现模块）

该模块负责实施病毒的破坏动作，可能包括破坏文件、数据、格式化磁盘等。

5. 主控模块

病毒程序运行时，首先运行主控模块，控制病毒的运行。

（四）计算机病毒的防范措施

计算机病毒的防范工作涉及技术措施和管理制度的建立与实施。

1. 预防计算机病毒的技术手段

① 软件预防：通过安装病毒预防软件来防御病毒入侵。
② 硬件预防：通过防病毒卡等硬件设备来防御病毒入侵。

2. 预防计算机病毒的管理方法

① 建立法律制度和管理机构：通过法律手段和社会管理控制病毒的产生和传播。
② 加强用户管理：通过制定使用规则和应急计划来防范病毒。

三、信息资源安全管理与审计

实现信息资源安全，不仅依赖于先进的技术，还需要严格的安全管理、安全教育和法律约束。为了达到严格的安全管理，应建立相应的信息资源安全管理办法，加强内部管理，构建合理的安全管理系统，以及安全审计和跟踪体系，从而增强整体安全意识。

信息资源的安全管理应重点把握安全管理的内容、安全管理原则和安全管理审计。

（一）安全管理的内容

1. 同一性检查

同一性检查是指用户在使用系统资源时，事先检查用户是否具有访问数据资源的权限。通常先检查用户代码是否正确，接着检验用户的通行字是否正确。当两者与机器中设置的代码完全相同时，用户才能使用系统的数据资源。

在设计用户同一性检查时，必须注意设置更改用户报到表的权限，防止非法修改。同一性检查需要一定的开销，应结合多方面因素综合考虑，进行合理设计。

2. 用户使用权限检查

即检查用户的访问权限是否正确。系统管理人员根据系统运行的要求、组织权限、业务权限等给用户设置具体处理权限。在设置权限控制清单时，不能有模糊不清的内容，应为用户规定实际需要的最小权限。

3. 建立运行日志

系统运行日志是记录系统运行时产生的特定事件。它是确认、追踪与系统的数据处理和资源利用有关的事件的基础，提供了发现权限检查中的问题、系统故障的恢复、系统监查等信息，同时也为用户提供了检查自己使用系统情况的依据。

（二）安全管理原则

1. 多人负责原则

每一项与安全有关的活动都必须有两人或多人在场。这些人是系统主管领导指派的，他们忠诚可靠，能胜任此项工作，并签署工作情况记录以证明安全工作已得到保障。

2. 任期有限原则

一般情况下，任何人不要长期担任与安全有关的职务。为遵守此原则，工作人员应不定期循环任职，强制实行休假制度，并规定对工作人员进行轮流培训，以使任期有限制度切实可行。

3. 职责分离原则

工作人员不得打听、了解或参与其职责以外的任何与安全有关的事情，除非系统主管领导批准。出于对安全的考虑，以下几项信息处理工作应当分开：① 计算机操作与计算机编程；② 机密资料的接收和传送；③ 安全管理和系统管理；④ 应用程序和系统程序的编制；⑤ 访问证件的管理和其他工作；⑥ 计算机操作与系统用媒介的保管等。

（三）安全管理审计

保证信息资源安全的主要问题是建立安全机制。迄今为止，已经发展了许多安全机制，但安全问题仍然备受怀疑和关注。一般将审计跟踪、攻击检测系统作为信息安全的最后一道防线。

审计是记录用户使用系统进行所有活动的过程，它是提高安全性的重要措施。审计技术使信息系统自动记录系统中机器的使用时间、敏感操作和违纪操作等。审计类似于飞机上的"黑匣子"，它为系统进行事故原因查询、定位、事故发生前的预测、报警以及为事故发生后的实施处理提供详细可靠的依据或支持。审计对用户的正常操作也有记载，有些"正常"操作，如修改数据等恰恰是攻击系统的非法操作。

入侵检测实际上也是一种信息识别与检测技术。系统入侵活动的实际体现是数据包，它作为信息输入到监测系统中。监测系统对其进行分析和处理后，得到的就是系统入侵的判断。在入侵检测中，信息的先后次序和信息产生的时间都十分重要，它们作为重要的变量输入到识别系统中。这使得入侵检测比一般的信息识别具有更强的上下文和环境相关性。

第二节　计算机软件的安全

软件是一种特殊的产品，也是信息资源的重要组成部分。在信息资源安全中，软件具有双重性质：软件既是安全保护的对象，又是实施安全控制的手段，同时还是危害安全的途径。因此，软件的安全是保证信息资源安全的重要内容。

一、威胁软件安全的主要形式

软件是由不同功能程序体构成的集合。在软件的编制和修改过程中，易于存在隐患和入侵的可能。从危害形式和结果的角度看，威胁软件安全的方式可分为以软件为手段的危害和以软件为对象的危害。

（一）以软件为手段，获取未经授权或授权以外的信息

有些系统软件在开发时留有一些"后门"，这本来是为系统的开发调试提供方便，但也为绕过安全控制提供了途径。

（二）以软件为手段，阻碍信息系统的正常运行或其他用户的正常使用

例如计算机病毒。它具有"特洛伊木马"的隐蔽性，但不一定是事先隐藏在软件中的，它们自身具有很强的再生机制，可以通过使用带有病毒的磁盘或电子邮件传播，导致信息系统受到感染，进而造成程序和数据文件的丢失或破坏。由于计算机的自动激活和再生，它们能够迅速传播。轻则占用系统资源，重则导致系统瘫痪或崩溃。

（三）以软件为对象，破坏软件完成指定功能

除了计算机病毒能破坏软件的正常运行外，其他的人为或非人为因素，如故障、干扰和误操作，也会影响软件的正常运行。

（四）以软件为对象，复制软件

随着软件开发成本的日益增加，软件不仅是一种产品，也是在竞争中取胜的核心技术。因此，窃取和复制软件成为了一个突出的安全问题，严重侵犯了软件所有者的知识产权。

二、软件安全的基本要求

软件安全的基本要求是禁止非法复制和使用，以及防止非法阅读和修改。随着计算机应用的广泛深入，对软件的剽窃、复制和非法扩散已成为对软件安全的最严重威胁之一。为设计安全软件而采取的技术措施应实现三个基本任务：防复制、防静态分析和防动态跟踪。

（一）防复制

所谓防复制，就是通过采取某种加密措施，使得一般用户利用正常的复制命令或复制工具无法完整复制软件，或者是复制的软件不能正常运行。目前大多数软件采用的防复制方法是：修改磁盘基础表中的某些参数，格式化出一些特殊的磁道，然后将被加密软件的一部分程序放在这些磁道中，使得一般用户无法拷贝这些特殊磁道中的内容，由于复制到的只是源程序的一部分，复制的结果不能正常运行，从而达到防扩散的目的。

（二）静态分析

一般情况下，防复制功能的实现要依赖于软件中一段识别特殊标记的程序。如果破译者会使用调试程序来跟踪机器代码，就可以对被加密的软件进

行静态反汇编，从而阅读到防复制的这一段程序，并将这段程序修改。显然，经过这样的修改操作，被加密的软件就丧失了防复制的功能。因此，被加密的软件必须具有防静态分析的保护措施。

防止非法用户进行静态分析的主要方法是将识别磁盘特殊标记的程序放置在较隐蔽的地方，或者对该段程序进行加密变换，以密文的形式放在软件中。被加密后的程序不能被执行，这就要求必须在被加密的程序片段之前利用另一段解码程序，对该段密码程序进行解密，使其变为明文，然后再运行该段程序进行磁盘特殊标记的识别。经过这样处理后的软件，如果没有运行解码程序，反汇编出来的密文对破译者来说是无法理解的，从而阻止了非法用户对软件的静态分析和修改。

需要注意的是，上述的软件加密方法还存在一个很大的漏洞，即破译者可以通过修改软件，使得软件运行的一开始即无条件地转入程序主体去运行，而无需执行解码程序，更谈不上执行读磁盘特殊标记的程序，从而使得防复制功能失效。因此，有效的防静态分析加密方法，必须对软件中除解码程序以外的所有程序和数据都进行加密变换，在软件运行时，解码程序必须对所有加密文件进行解密，然后才能运行。经过这样处理后的加密软件，非法用户在静态状态下无法读懂程序，也不可能通过修改软件跳过解码程序，直接运行程序的主体。

（三）防动态跟踪

采取了防静态分析的措施以后，虽然阻止了非法用户对软件的静态分析和修改，但非法用户仍可利用调试程序对被加密的软件进行跟踪，运行解码程序，找到识别磁盘特殊标记的程序段，然后对其进行修改，使软件失去防复制功能。因此，进行软件加密的第三个必要措施是阻止解密者的动态跟踪，使得在正常状态下无法用调试程序对软件本身进行跟踪执行。例如，可以采用"封锁键盘输入"的防动态跟踪技术，使程序在运行过程中封锁键盘的输入，即当用户尝试使用调试程序进行跟踪执行时，会出现机器不接受键盘输入的现象。

防复制、防静态分析和防动态跟踪是每一个加密软件都必须具备的三个基本功能。这三个功能相互依存、相辅相成。没有防复制措施，无法阻止软件的非法复制；有了防复制措施，缺乏防分析的措施，防复制措施就很容易被破译。因此，实现软件的加密保护，必须从这三方面入手，综合运用，才能有效地保护软件不被非法扩散。

三、系统软件的安全

安全控制是大多数系统软件中普遍采用的安全措施，从技术上讲，安全控制主要有三种基本方法：访问控制、隔离控制和存储保护。访问控制和隔离控制可以防止对被保护对象的未经授权的访问；存储保护主要是避免多任务之间的互相干扰。

（一）访问控制

操作系统安全控制的核心问题是访问控制。访问控制是确定谁能访问系统，能访问系统的何种资源，以及在何种条件下使用这些资源。

从访问控制方式来说，可以分为以下四种：

1. 自主访问控制（DAC）

资源的所有者可以决定对资源的访问权，这种访问权可以按"工作需要"的原则动态转让或收回。它往往用于限制数据在同一密级或同一部门内的未经授权的流动。在自主型访问控制机制的系统中，可保护的客体基本有文件和目录两类。

2. 强制访问控制（MAC）

对用户和资源按密级和部门进行划分，对访问的类型也按读、写划分。这种访问控制中，对资源的访问权不由资源的所有者决定，而是由系统的安全管理员决定，常用于限制数据从高密级流向低密级，从一个部门流向另一个部门。操作系统的环形结构就是一种强制访问控制方式。

3. 有限型访问控制

它对用户和资源进一步区分，只有经过授权的用户才能访问指定的资源。

4. 共享/独占型访问控制

它将资源分为"共享"和"独占"两种，"共享"资源可以被所有用户使用，"独占"资源只能被资源所有者使用。

虽然大多数操作系统都具有基本的安全保护功能，但安全性并不是这些操作系统的主要设计目标。因此，从信息系统安全的角度检查这些操作系统，它们存在不少缺陷。于是，从应用角度出现了一些专门用于安全控制、与操作系统配合使用的外加安全控制软件，以增强原有操作系统的安全控制功能。

（二）隔离控制

隔离控制主要包括：物理隔离，如将不同安全级别的打印机分配给不同安全级别的用户；时间隔离，如使不同安全级别的程序在不同时间使用计算机；加密隔离，将文件和数据加密，使无关人员无法读取；逻辑隔离，如将各进程的运行限于一定的空间，使它们互不干扰。

（三）存储保护

对于操作系统的安全来说，存储器的保护是一个最基本的要求。在单用户系统中，某时刻系统内存中只运行一个用户进程，此时存储器保护只需防止用户进程影响系统运行；而在多任务系统中，还需隔离多进程的内存区。存储器保护的目标是保证系统内任务互不干扰。

对存储器的保护主要包括对存储单元的内容进行保护。首先，要对存储单元的地址进行保护，防止非法用户访问受保护的存储单元；其次，要对被保护的存储单元提供多种类型的保护，如"读/写"型、"只读"型、"只执行"型和"不能存取"型等。

操作系统对内存的保护主要采用逻辑隔离方法。具体有以下几种：

1. 基址/边界寄存器

基址寄存器为程序提供了重定位的起始地址，是用户可用内存的下界；边界地址是用户可用区域的上界。这上下界地址限制了用户程序能够访问的内存空间，既防止用户无意地访问其他用户的存储区域，又阻止其他用户非法访问自己的存储区域。

2. 内存标志

操作系统为每个内存单元设置标志，区分"只读""只执行""可读/写"等几种状态。内存标志由特权指令改写。

3. 分段技术

将程序访问内存的物理地址变为逻辑地址。程序装入时，由操作系统自动将逻辑地址变换为物理地址，用户不能直接访问物理地址，每次访问内存都要经过操作系统检查，提高了安全性，也便于程序的重定位和内存交换。

4. 锁保护

"锁"是指为存储区设置的特定数字，而"钥匙"是为了打开某个存储区而设置的与锁对应的数字。当用户要访问某个存储单元时，首先将该存储单元所在存储区的锁与用户的钥匙进行比较，只有钥匙与锁匹配时，存储区才能被打开，否则无法访问。这在一定程度上保护了存储器中的数据。

四、应用软件的安全

系统软件为用户使用计算机及其附属的信息资源提供了应用基础。但计算机在实际工作中的应用必须通过应用软件来实现。由于应用软件直接面向用户，因此其安全设计是目前信息系统安全中最重要且最薄弱的部分，需要我们特别注意。

应用程序是应用软件的重要组成部分，应用软件的安全问题在很大程度上即是应用程序的安全问题。在计算机系统中，应用程序具有双重特性：一方面它是安全措施要保护的对象；另一方面它可充当危害安全的工具。鉴于这一特性，应用程序在计算机中会引发两方面的安全问题：

（一）对数据安全的影响

在一个应用系统中，用户通常需要借助应用程序来实现对数据的访问，应用程序成为了用户访问数据的"交通工具"。因此，用户编写的具有不安全因素的程序可能会被非法用户利用，成为非法用户访问数据的工具。

（二）对系统服务的影响

应用程序可以影响计算机系统的正常服务。我们把计算机系统拒绝合法用户访问的安全问题称为服务拒绝。例如，一种称为"贪婪"的程序，它占用了全部的 CPU 时间，影响 CPU 完成其他任务。而计算机病毒可以说是贪婪程序的一种逻辑延伸，它通过感染其他程序，导致系统运行失灵、资源破坏，甚至能操纵整个系统。这是应用软件中威胁最大的方面。

为了避免上述问题，在应用软件的开发过程中，需要注意以下三个问题。

（1）在软件开发过程（任务设计、编程、调试）中控制程序中的不安全因素，减少有意或无意的差错，确保软件易于检查和测试。

（2）在软件设计阶段，将安全设计作为系统设计的重要内容，避免在系统开发结束时才将安全控制作为事后添加。

（3）应用软件的安全设计有其特殊性，除了内容的安全外，还特别需要关注人机接口的设计。实践表明，使用过程中的许多安全问题都出现在人机接口上。

第三节 数据库安全

数据库作为一种重要的数据管理开发平台，现已成为开发信息系统的主要工具。由于数据库中可以存放大量信息，供众多用户访问，因此数据库的安全问题也日益突出。

一、数据库安全基本概述

（一）数据库安全的重要性

数据库安全的重要性主要体现在以下几个方面：

第一，数据库中存储大量数据，并由多个用户共享，每个用户有不同的职责和权限。若不加以限制，用户可能获取与权限不符的数据，从而对重要数据构成威胁；第二，数据库数据的冗余度小，数据一旦被更改，恢复原貌较为困难；第三，数据库安全不仅涉及数据本身，还涉及应用软件和操作系统的安全。

（二）数据库的基本安全要求

数据库安全指保护数据库免受恶意破坏和非法存取，防止数据泄露、更改或破坏。

1. 数据库完整性

包括物理和逻辑完整性。物理完整性指防止物理问题（如断电或外力破坏）后能重构数据库。逻辑完整性指保持数据结构，如修改某一字段不影响其他字段。

2. 数据元素完整性

指数据库基本元素的正确性和准确性。DBMS 应帮助用户发现并纠正输入错误。维护方式包括字段检查、访问控制和日志维护。

3. 可审计性

在某些应用中,需生成所有访问的审计记录,以帮助在事后发现事件、参与者及其影响,从而维护数据库完整性。审计踪迹包括对记录、字段和数据元素的访问。

4. 存取控制

控制可访问的数据和禁止访问的数据。控制粒度可以是字段、记录或数据元素。DBMS 可授权用户读、写、删除或增加数据对象,或重新组织数据库。

5. 用户认证

DBMS 应严格进行用户身份识别和认证。DBMS 可能随时要求用户输入口令和时间日期以进行验证。

6. 并发控制

数据库中的数据并非随时可访问。例如,用户更新字段时,其他用户对该字段的访问请求被禁止。

二、数据库的安全保护机制及安全控制方法

(一)安全保护机制

数据库安全运行的保护机制有两个层次,即操作系统和数据库管理系统。操作系统从外部为数据库提供安全运行环境,而数据库管理系统从内部强化安全操作功能。

1. 操作系统安全

操作系统应保证以下安全环境：

① 防止对数据库管理系统和用户程序的非法修改；② 保护存储器中的数据不被非法修改；③ 保护数据库，不让数据库管理系统外的其他程序存取；④ 认证数据库的合法用户，当非法用户进入时能及时报警；⑤ 正确实现输入/输出（I/O）操作；⑥ 安全通信，即用户通过网络访问数据库时，操作系统能够提供安全的通信功能。

2. 数据库管理系统安全

具备一定安全标准的 DBMS 应做到：

① 保证数据具备抗攻击性，能抵御物理破坏（如断电或其他灾害造成的损失）；② 进行用户识别和访问控制；③ 保证合法用户能顺利访问数据库中授权的数据和一般数据，不会出现拒绝服务情况，并能安全通信。

（二）数据库安全控制的一般方法

数据库的安全控制技术主要有口令保护、数据加密、数据库加密、数据验证等。

1. 口令保护

口令是信息系统的首要屏障，因此口令保护尤为重要。对数据库不同功能块设置不同口令，对口令级别进行不同设置，各种模块（如读、写、修改模块）之间的口令应彼此独立，并对口令表进行加密，以保护数据安全。

"零知识证明"口令管理方式能在最大程度上确保使用者是合法用户。这种方式对于真正被授权用户来说，其口令不可能被冒充、复制或破坏。在进行用户身份验证时，无需提供可能被窃密者使用或计算口令的任何信息。这种方式的关键是必须有一个绝对可靠的数据库系统安全管理员，当用户进入系统时，安全管理员需对其身份进行验证。具体步骤如下：

① 用户取一个随机数，并将其与其密钥一并处理，将结果传送给数据库安全管理员；② 数据库安全管理员取一随机数，并将其传送给用户；③ 用户将接收到的随机数与其密钥一并处理，并将结果传送给数据库安全管理员；④ 数据库安全管理员检查回答是否正确。若正确，则对其真实身份的怀疑减少一半；若不正确，则停止用户进一步活动。

以上步骤可连续重复几十次。若每次回答均正确，则数据库安全管理员对用户身份的怀疑可减少至零，用户被确认为合法用户。

2. 数据库加密

数据库的加密方式多种多样，可以是软件加密，也可以是硬件加密。软件加密可采用库外加密或库内加密。库外加密方式即文件加密方法，将数据库作为文件，将每个数据块作为文件记录进行加密。文件系统与数据库管理系统交换的是块号。库内加密按加密程度可进行记录、字段或数据元素加密。数据元素加密时，每个元素被当作文件进行加密。硬件加密在物理存储器（磁盘）与数据库文件之间加一硬件装置，使之与实际数据库脱离，加密时只对专一磁盘上的数据加密。

3. 数据验证

数据验证在数据处理中，对数据的正确性、完整性进行检查验证。主要方法有：① 检查录入数据的原始凭证；② 录入数据的安全控制。

（三）数据库授权

数据库系统允许数据库管理员和有特定访问权限的用户通过授权控制表，有选择地动态授予其他用户访问权限。如有需要，还可收回这种权力。

第四节　计算机网络的安全

网络提供了资源的共享性，通过分散工作负荷提高了工作效率和信息系统的可扩充性。也正是因为这些特点，网络安全问题日益突出。计算机网络安全通常具有以下特点：

第一，计算机网络的通信线路是一个明显的易受攻击的目标。利用卫星通信或电话线传输信息，窃密者可以轻易进行侦收、截取、破译，以获取有价值的信息；第二，网络威胁的隐蔽性和潜在性增加了保证安全的难度。如窃取、侦听、传播病毒等行为都是隐蔽的，防范对象广泛且难以明确；第三，网络安全涉及多学科领域，既有社会科学，又有自然科学。联网用户越多，对人员教育和管理的难度越大；技术越发展，网络进攻手段越巧妙和多样。网络作案远离现场，犯罪时间短，不易被发现；第四，网络安全标准和措施是在多种因素中寻找平衡。安全措施与系统使用的灵活性、方便性存在矛盾；第五，网络因不安全所受的损害远大于单机系统。任何有意或无意的攻击都可能导致网络上的成百上千台机器瘫痪。

通常，衡量网络安全的指标有三个：保密性、可控制性和抗攻击性。保密性指网络中有保密要求的信息只能在允许的情况下向已授权的人员开放；可控制性指网络中信息不因人为或非人为因素而改变其原有的内容、形式与流向；抗攻击性指网络资源在非正常条件下具有继续运行的能力。

为了解决计算机网络的安全问题，应全面考虑系统的安全性设计，主要从以下几个环节入手：影响系统安全的因素；保障网络安全的措施和技术；安全政策和安全管理。

一、网络系统的安全功能

进行网络安全设计时，首先需要确定网络安全的目标，并根据安全目标选择合适的网络安全功能。

（一）网络的安全目标

开放系统互连（OSI）安全体系结构的安全目标是网络安全的基本目标，具体包括：① 防止未经授权的数据访问；② 防止数据的意外遗漏或重复；③ 防止利用隐蔽通道窃取机密信息，甚至设置"病毒"使系统瘫痪；④ 确保数据的发送正确无误；⑤ 确保数据的接收正确无误；⑥ 根据保密要求与数据来源对数据做标记；⑦ 提供可供安全审计的网络通信记录，防止对用户进行欺骗；⑧ 可对独立的第三方证明通信过程已实现，且通信内容已被正确接收；⑨ 在取得明确的可访问系统授权许可后，才能与该系统通信。

（二）网络的安全功能

网络系统的安全功能是达到安全目标所需具备的功能和规定。在 OSI 安全结构附录中，定义了以下五种安全功能：

1. 对象认证

认证是防止主动攻击的重要技术，对开放系统环境中的信息安全至关重要。认证包括识别和证实。识别是辨明对象身份的过程，证实是证明该对象身份与其声明身份一致的过程。只有识别与证实过程都正确后，系统才允许用户访问系统资源。安全的识别和证实过程应是用户和系统平等的相互识别和认证过程。

2. 访问控制

访问控制是确定谁能访问系统、能访问系统何种资源，以及在何种程度上使用这些资源。访问控制既要防止非法用户使用系统，又要防止合法用户对系统资源的非法访问。访问控制是对系统各种资源的存取控制，既包括对设备（如内存、虚拟存储器或磁盘等外存储器）的存取控制，也包括对文件、数据的存取控制。访问控制主要包括授权、确定访问权限和实施访问控制三个内容。授权策略和控制机制是十分重要的。授权策略确保授权的安全性，而控制机制则是具体实施授权的安全策略。

访问控制大体上可分为自主型访问控制和强制型访问控制。自主型访问控制的授权由网络资源的所有者或创建者自主决定；强制型访问控制的授权则由网络管理者根据先前制定的安全访问规则统一决定。

3. 数据保密

数据保密指对网络数据的存储、传输进行保护，确保信息不暴露给未授权的用户。数据保密具体又细分为：① 信息保密，保护数据库中的信息或通信系统中的信息；② 数据段保密，在信息中保护被选择的数据段；③ 业务流保密性，防止攻击者通过观察业务流（如信源、信息、传送时间、频率和路由等）来获取敏感信息。

4. 数据可审查

检测是否对信息进行了非法处理，并对出现的安全问题提供调查的依据和手段。它是防止网络系统内信息资源不被非法篡改，并保证其真实性和有效性的一种技术手段。

5. 不可抵赖

证实已发生的操作。这包括数据来源的证明（由接收者提供证据，防止信息发送者否认发送过信息)、数据递交证明(由发送者提供证据,防止接收信息的对象否认接收过信息)和公证(通信双方基于对第三方的绝对信任,且第三方不能篡改信息)。

二、网络安全技术

计算机网络系统的特征是构成要素多、数据内容多、访问对象多。因此,保证网络安全的技术也比较复杂,目前较常用的安全技术主要有以下几种。

(一)数据加密

网络中的数据加密不同于一般意义上的数据加密,它通常可分为:

1. 链路加密

链路指传输数据的通信信道。链路加密是对网络中两个相邻节点之间传输的数据进行加密保护。在受保护数据所选定的路径上,任意一对节点之间的链路上的加密是独立实现的。这样,当某条链路受到破坏时,不会导致其他链路上传送的信息被解析。

网络中传送的信息由报头和报文两部分组成。报头是为了保证通信所必需的控制信息,如信息传送的源节点地址、目的节点的地址、路径选择信息、传送信息的长度等;而真正要传送的用户数据信息放在报文中。链路加密的加密算法常可同时对报文和报头进行加密,这就掩盖了源节点和目的节点的地址。如果在节点间保持连续的密文序列,则传送的频率和长度也能得到掩盖,这样就能防止各种形式的通信量分析。由于只要相邻节点之间具有相同的密钥,因而密钥管理易于实现。链路加密由通信子网提供密码功能,故对用户来说是透明的。

由于报文是以明文形式在各节点内加密的,所以节点本身必须是安全的。一般认为网络的源节点和目的节点在物理上都是安全的,但所有的中间节点则未必是安全的，因此必须采取有效措施。链路加密能够防止搭线窃听，但其最大缺点是在中间节点暴露了信息的内容。在网络互联的情况下，链路加密并不能保证通信的绝对安全。链路加密一般采用硬件加密。

2. 端到端加密

端到端加密是为在一对用户之间的数据连续地提供保护。它要求各对用户（而不是各对节点）采用相同的密钥。对于传送信道上的各中间节点，数据是保密的。在端到端加密中，若加密功能由网络自动提供，则对用户来说是透明的；若加密功能由用户自己根据其特殊要求来选定，则对用户来说就不是透明的。从安全性、方便性和灵活性等方面考虑，端到端加密通常在资源子网内实现。

在端到端加密方式中，报头中的控制信息部分不能被加密，它是以明文形式传送，否则中间节点就不能正确地选择路径。这就使得端到端加密易于受到通信量分析的攻击。由于各节点必须持有与其他节点相同的密钥，这就需要在全网范围内进行密钥管理和分配。端到端加密一般采用软件实现，也可以用硬件实现。

3. 混合加密

为了保护报头中的敏感信息，获得更好的安全性，可以采用链路加密和端到端加密结合的混合加密方式。在混合加密中，报文将被两次加密，而报头则由链路加密方式进行加密。

从成本、灵活性和安全性来看，端到端加密方式较有吸引力。对某些远程处理机构，链路加密方式可能更为合适，当链路中节点数很少时，链路加密操作对现有程序是透明的，目前大多数链路加密设备是以线路的工作速度工作，因而不会引起传输性能显著下降。另外，有些远程设备的设计或管理方法不支持端到端加密方式。

（二）网络中密钥的管理

加密技术一般都采用加密算法来实现，而加密算法必须由密钥来控制。由于算法是公开的，因此明文的保密主要依赖于密钥的保密。密钥管理是一项复杂细致的工作，在密钥的产生、分配、注入、存储、更换、使用等一系列环节，必须注意到每一个细小的环节，否则就会造成意想不到的损失。一个好的密钥管理系统应当尽量不依赖于人的因素，密钥管理系统必须通过存取控制机制来控制对密钥的访问，密钥的管理方法必须保证从合法用户到系统程序员都无法得到密钥。

评价一个密钥管理系统性能好坏的指标有：① 密钥窃取的困难程度；② 在一定条件下，密钥失密后的影响；③ 密钥的分配和更换过程对用户的透明程度。

1. 密钥的种类

在一个通信网络中，常常需要多种密钥，每种密钥担负相应的任务。

（1）数据加密密钥：在数据通信网中，一个主体（应用程序或终端用户等）要通过网络与一个客体（应用程序或终端用户）通信，为了保证数据的安全性，主体就需要采用一个特定的加密算法和数据加密密钥来对数据进行加密，而客体也必须采用相同的算法和密钥对已加密的数据进行解密。

（2）基本密钥：主体随机产生的数据加密密钥通过通信网发送到客体。由于通信网中不能以明文的形式发送，因此就需要使用另一种密钥对其加密。这种密钥叫做基本密钥，它用以对数据加密密钥进行加密。

（3）主密钥：网络中每个节点都有与其他节点通信的基本密钥。这些基本密钥形成一张表，保存在节点的保密装置内。为了保证它的安全，通常还需要有一个密钥对基本密钥表进行加密保护。这个密钥称为主密钥，它是密钥管理方案中级别最高的密钥，用于对存储在主机系统中的数据加密密钥和基本密钥提供保护。

（4）其他密钥：在一个网络系统中，有主机和终端等多种需要使用密钥的实体，不同的实体对不同的密钥要采取不同的保护。例如，终端密钥和主机密钥。

2. 密钥的分配

密钥分配是密钥管理系统最为复杂的问题，密钥的分配可以采用人工分配，特别是对保密性要求很高的部门，只要密钥分配人员是忠诚的，而且实施计划是周密的，则人工分配密钥是安全的。然而，人工分配密钥不适应现代计算机网络。利用计算机网络的数据处理和数据传输能力实现密钥分配自动化，无疑有利于密钥的安全，反过来又提高了计算机网络的安全。网络中的密钥分配方法有以下几种。

（1）使用会话密钥。由一专门机构生成密钥后，将其发到各终端用户，保存在保密装置内。在通信双方通信时，就直接使用这个会话密钥对信息加密。这种方法要求在密钥更换时必须在同一时间、在网内的所有节点（或终端）上进行。由于在某一段时间内对网上传输的所有数据都采用同一密钥加密，故保密性不好。

（2）采用会话和基本密钥。主体在发送数据之前首先产生会话密钥，用基本密钥对其加密后通过网络发送到客体；客体收到后用基本密钥对其解密，双方就可以开始通话了；会话结束，会话密钥消失。数据加密密钥只在一次会话内有效，会话结束后会话密钥消失，下次再会话时再产生新的会话密钥，因此大大提高了系统的保密性。

（3）采用公开密钥密码体制的密钥分配。每个用户都需要有一对密钥：D 和 E。D 用于解密，只有用户自己知道；E 用于加密，全网各互通用户都应知道。如果用户 A 想与用户 B 通信，则 A 可用 B 的公开密钥对会话密钥进行加密，发送到 B；B 用自己保存的密钥解密，就可得到需要的会话密钥。其他用户虽然也知道 B 的公开密钥，但不知道相应的解密密钥，也就得不到相应的会话密钥。

3. 密钥的注入

密钥的注入通常采用人工方式。重要密钥可由多人、分批次分开完成注入，并且注入的内容应不能被显示出来。为了掌握密钥的注入过程，所有的密钥应按编号进行管理。密钥常用的注入方法有：键盘输入、软盘输入、专用密钥注入设备（即密钥枪）输入。密钥的注入过程应当有一个封闭的环境，不存在可能被窃听装置接收的电磁泄漏或其他辐射，所有接近密钥注入工作的人员应当是绝对可靠的。在密钥注入过程完成后，不允许存在任何可能导出密钥的残留信息。当将密钥注入设备用于远距离传递密钥时，注入设备本身应设计成像加密设备那样的封闭式物理逻辑单元。

4. 密钥的存储保护

在密钥注入以后，所有存储在加密设备里的密钥平时都应以加密的形式存放，而对这些密钥的操作口令应该由密码操作人员掌握。这样，即使装有密钥的加密设备被破译者拿到，也可以保证密钥系统的安全。加密设备应有一定的物理保护措施。最重要的密钥信息应采用掉电保护措施，在任何情况下，只要拆开加密设备，这部分密钥就会自动丢掉。若采用软件加密的形式，应有一定的软件保护措施。重要的加密设备应有紧急情况下自动消除密钥的功能。在可能的情况下，应有对加密设备进行非法使用的审计，把非法口令输入等事件的发生时间等记录下来。对当前使用的密钥应有密钥合法性验证措施，以防止被篡改。

5. 密钥的更换

密钥的使用是有寿命的，一旦密钥有效期到，必须消除原密钥存储区，或者用随机产生的噪声重写。密钥的更换，可以采用批密钥的方式，即一次性注入多个密钥，在更换时间按照一个密钥生效，另一个密钥废除的形式进行。代替的次序可采用密钥的序号，若批密钥的生效与废除是顺序的，一旦序号低于正在使用密钥的序号，相应存储区应清零。

密钥变换和数据加密的基本操作都是用一个保密装置来实现的，它是一种专用的、具有很高安全性和可靠性的数据保护工具。保密装置可以用硬件和软件实现，用硬件实现更有利于保密和提高效率，目前国外都采用微处理器和软件相结合的技术来实现。硬件实现加密算法，软件实现控制和检测等功能。

（三）网络中的访问控制

访问控制就是要对访问的申请、批准和撤销的全过程进行有效的控制，以确保只有合法用户的合法访问才能给予批准，而且被批准的访问只能执行授权的操作。

1. 用户身份的识别与验证

访问控制的第一道防线是用户身份的识别和认证，通过鉴别合法用户和非法用户，以阻止非法用户访问系统资源。

2. 访问控制

它包括授权、确定访问权限和实施访问权限等几种控制。除了对直接的访问进行控制之外，还应对信息的流动和推理攻击施加控制。如果第一次访问将产生信息和权力的流动，则应注意这种流动是否可能造成泄密。推理攻击是用户通过多次合法访问的结果，推理计算得出他无法访问的秘密信息。

3. 审计跟踪

审计跟踪是访问控制的另一个重要方面。它对用户使用何种资源、使用的时间、执行的操作等问题进行完整的记录，以备非法事件发生后能进行有效的追查。

（四）鉴别机制

鉴别是每一个通信方查明另一个实体身份和特权的过程。它是在对等实体间交换认证信息，以便检验和确认对等实体的合法性，这是访问控制实现的先决条件。鉴别机制可以采用站点鉴别、报文鉴别、数字签名或终端识别等多种方式。

1. 站点鉴别

为了确保通信安全，在正式传送报文之前，应首先鉴别通信是否在指定的站点之间进行，这一过程称为站点鉴别。这是通过验证加密的数据能否成功地在两个站点间进行传送来实现的。

假定 A、B 是预定的两个通信站点，它们共享保密的通信密钥是 K。A 是发送方，B 是接收方。A 鉴别 B 是否是预定的通信站点的过程如下：

A 首先产生一个伪随机数 RN，并用密钥 K 为 RN 加密而得到 C，然后发送给 B。另外，A 对 RN 施加函数变换得到 f（RN），其中 f 是某公开的简单函数，如对 RN 的某些位取反。B 收到 C 后，解密得到 RN，然后发给 A。A 对从 B 收到的 E（f（RN），K）解密，并把解密所得的 f（RN）和自己原先存储保留的 f（RN）进行比较。若两者相等，则 A 认为 B 是预定的通信站点，便可以通过报文通信；否则 A 认为 B 不是预定的通信站点，于是中断与其通信。

2. 报文鉴别

报文鉴别必须确定：报文是由确认的发送方产生的；报文内容是没有修改过的；报文是按传送时的相同顺序收到的；报文传送给确定的对方。

（1）报文内容的鉴别，报文内容的鉴别使接收方能够确认报文内容是否真实，它是通过验证鉴别码的正确性来实现的。发送方根据内容，按一定的算法产生鉴别码，并把鉴别码附加到报文内容的后面，然后发给接收方。接收方收到后，先解密，并按同一算法重新计算鉴别码，然后进行比较判断，如果重新计算的鉴别码与接收得到的鉴别码相符，则认为报文内容是真实的；否则，便可肯定报文内容不真实，或是报文内容被敌方篡改或在传输过程中发生了错误，接收方就可以拒绝接收或报警。

鉴别需要一个好的鉴别算法，鉴别算法也需要有一个秘密的密钥，整个鉴别过程的安全性完全取决于密钥的安全性。鉴别法的保密强度要求能经受住已知明文攻击与选择明文攻击。但它的设计比加密算法要容易一些。因为加密算法必须有相应的逆函数，否则就不能正确解密，而鉴别算法不需要逆函数。

（2）报文源的鉴别，接收方使用约定的密钥（由发送方决定）对收到的密文进行解密，并且检验还原的明文是否正确，根据检验结果就可以验证对方的身份。

（3）报文宿的鉴别，将报文源的鉴别方法稍作修改，便可使报文的接收方能够认证自己是否是指定的接收方。在以密钥为基础的鉴别方案的每一报文中，同时加入接收方标识符 ID_B；在以通行字为基础的鉴别方案中，每一报文同时加入接收方通行字 PW_B。若采用公开密钥密码，报文的认证只要发送方 A 对报文用 B 的公开密钥进行加密即可，因为只有 B 才能用自己保密的解密密钥还原报文。若还原的报文是正确的，B 便确认自己是指定的接收方。

（4）报文时间性的鉴别，报文的时间性即指报文的顺序性。报文时间性的鉴别是指接收方在收到一份报文后，能够确认报文是否保持正确的顺序，有无断漏和重复。报文时间性的鉴别可以挫败黑客的重播攻击。

（五）数字签名

1. 数字签名

鉴别技术可以保证在信息传送过程中对信息内容的任何改动都可以被检

测出来，并且能够正确地鉴别出信息发送方的身份。但是，信息的收/发方对信息内容以及发送源点有时会产生以下争执：① 否认，发送方不承认自己发送过某一文件。② 伪造，接收方伪造一份文件，声称它来自发送方。③ 冒充，网络上的某个用户冒充另一个用户接收或发送信息。④ 篡改，接收方对收到的信息进行篡改。

为了解决上述问题，需要数字签名。签名起着认证、核准和生效的作用，是证明当事者身份与数据真实性的一种信息。在信息系统中，采用电子形式的签名——数字签名。数字签名的重要目的是防止抵赖、防止否认、防止冒充和防止篡改给仲裁者提供的证据。数字签名比加密更实用，用途更广泛。

一种完善的签名应满足以下三个条件：

第一，签名者事后不能否认自己的签名；第二，其他任何人均不能伪造签名，也不能对接收或发送的信息进行篡改、伪造和冒充；第三，如果当事双方对签名真伪发生争执时，能够在公正的仲裁者面前通过验证签名来确认其真伪。

数字签名是一个密文收发双方签字和确认的过程。所用的签署信息是签名者所专有、秘密和唯一的，而对接收方检验该签署所用的信息和程序则是公开的。签名只能由签名者的专用信息产生，检验过程则是用公开程序和信息来确定签名是由签名者的专用信息产生的。出现纠纷时，仲裁者可利用公开程序和信息来证明签名者的唯一性。数字签名可以为实体认证、无连接完整性、源点鉴别、制止否认等服务提供支持，它也是数据完整性、公证和认证机制的基础。

数字签名的方法主要有两种：利用单密钥体制进行数字签名和利用双密钥体制进行数字签名。

2. 仲裁签名

仲裁签名，就是通信的双方共同委托一个仲裁者作为他们通信的中转与签名的验证者。若发送方要与接收方进行签名通信，发送方对信息加上签名后发给仲裁者，仲裁者对其签名进行验证，如果是发送方的签名，仲裁者便对信息加上自己的签名后转发给接收方，否则便通知发送方并中止通信。接收方在收到由仲裁者转发来的报文后，便验证签名。如果签名被确认，便接收通信消息，并结束一次通信；否则便拒收。如果仲裁者是公正无私的，而且收、发双方产生的签名信息互相保密，则仲裁签名是安全的。接收方不能伪造签名，发送方也不能抵赖，从而可有效地解决签名的纠纷。

通常，仲裁者是系统的一个硬件装置或软件系统。由于仲裁者掌握全部通信者的秘密签名信息，故必须采用高级的物理保护和访问控制。仲裁签名可以利用传统密码进行，也可以利用公开密钥密码进行。

（六）防火墙技术

防火墙是一个或一组实施访问控制策略的系统，它在内部网络（专用网络）与外部网络（公用网络）之间形成一道安全保护屏障。其目的是防止非法用户访问内部网络上的资源和非法向外传递内部信息。防火墙既能防止网络内部的错误向外蔓延，也可以避免外部网络的损坏波及内部。防火墙可以由硬件、软件或它们的结合具体实现。

1. 设置防火墙的目的

设置防火墙的目的是通过各种控制手段，保护一个网络不受来自另一个网络的攻击。防火墙是一道隔离网络内外的屏蔽，它不妨碍正常信息的流通，只是对那些不允许通过的信息进行过滤，是一种控制技术。对内，它保护某一确定范围的网络信息；对外，它防范来自被保护网络范围以外的威胁与攻击。这是一种将内部网络和外部网络在一定程度上隔离的技术。

2. 防火墙的基本功能

传统的内部网络与外界相连后，往往把自己暴露在一些并不安全的服务下，使之成为外界伺机探测和攻击的主要目标。内部网络的安全完全依赖于各个主机，且要求各个主机有相同的安全度。而防火墙的作用就是提高主机整体的安全性。

防火墙是一种允许或禁止业务来往的网络通信安全协议，通常应具有五大基本功能：过滤进出网络的数据；管理进出网络的访问行为；封堵某些禁止的业务；记录通过防火墙的信息内容和活动；对网络攻击的检测和告警。

控制不安全的服务：只有授权的协议和服务才能通过防火墙，这大大提高了网络的安全性，从而使内部网络免于遭受来自外界的基于某协议或某服务的攻击。

站点访问控制：一般而言，一个站点应该对进来的外部访问有所选择。如果一个用户很少提供网络服务，或几乎不跟别的站点打交道，防火墙就是它保护自己的最好选择。

集中安全保护：如果一个内部网络中大部分需要维护的软件，尤其是安全软件能集中放在防火墙系统上，会使整体的安全保护相对集中，简化网络的安全管理，提高网络的整体安全性。例如，对于密码口令系统或其他的身份认证软件等，放在防火墙系统中优于放在每个 Internet 能访问的机器上。

强化所有权：对一些站点而言，私有性是很重要的。使用防火墙系统，站点可以防止 finger 以及 DNS 域名服务。finger 会列出当前使用者的名单，它们上次登录的时间，以及是否读过邮件等。但 finger 同时会不经意地告诉攻击者该系统的使用频率，是否有用户正在使用，以及是否可能发动攻击而不被发现。防火墙也能封锁域名服务信息，从而使 Internet 外部主机无法获得站点名和 IP 地址。通过封锁这些信息，可以防止攻击者从中获得另一些有用信息。

网络连接的日志记录及使用统计：通过防火墙可以很方便地监视网络的安全性，并产生报警信号。当防火墙系统被配置为所有内部网络与外部 Internet 连接均需经过的安全系统时，防火墙系统就能够对所有的访问做出日志记录。防火墙系统也能够对正常的网络使用情况做出统计。通过对统计结果进行分析，可以使网络资源得到更好的使用。

3. 防火墙的类型

从技术上看，防火墙有六种基本类型：包过滤型、代理服务器型、电路层网关、混合型、应用层网关和自适应代理技术。

包过滤型防火墙：包过滤器安装在路由器上。它基于单个包实施网络控制，根据所收到的数据包的源地址、目的地址、源端口号及目的端口号、包出入接口、协议类型和数据包中的各种标志位等参数，与用户预定的访问控制表进行比较，决定数据是否符合预先规定的安全策略，决定数据包的转发或丢弃，即实施信息过滤。实际上它控制内部网络上的主机直接访问外部网络，而外部网络上的主机对内部网络的访问则要受到限制。

代理服务器型防火墙：通过在防火墙主机上运行代理的服务器程序，直接对特定的应用层进行服务。对每种不同的应用层（如 E-mail，FTP，Telnet，WWW 等）都应用一个相应的代理。外部网络与内部网络之间要想建立连接，首先必须通过代理服务器的中间转换，内部网络只接收代理服务器提出的请求，拒绝外部网络的直接请求。代理服务可以实施用户认证、详细日志、审计跟踪和数据加密等功能和对具体协议和应用的过滤。

代理服务器并非将用户的全部网络服务请求提交给互联网上的真正服务器，它能控制用户的请求。依据安全规则和用户的请求作出判断是否代理执行该请求。

电路层网关：在网络的传输层上实施访问控制，是在内、外网络主机之间建立一个虚拟电路进行通信，相当于在防火墙上开了个口子进行传输。

混合型防火墙：当前的防火墙产品已不是单一的包过滤型或代理服务器型防火墙，而是将各种安全技术结合起来，形成一个混合的多级的防火墙，以提高防火墙的灵活性和安全性。例如，把过滤和代理服务等功能结合起来，形成新的防火墙，所用主机称为堡垒主机，负责代理服务。

应用层网关：使用专用软件来转发和过滤特定的应用服务，如 FTP，Telnet 等服务连接。这是一种代理服务，代理服务技术适应于应用层，由一个高层的应用网关作为代理器，通常由专门的硬件承担。代理服务器接收外来的应用请求，进行安全检查后，再与被保护的网络应用服务器连接，使得外部服务器在受控制的前提下使用内部网络提供的服务。即它只允许代理的服务通过。应用层网关具有登记、日志、统计和报告等功能，并有很好的审计功能和严格的用户认证功能，安全性高，但它要为每种应用提供专门的代理服务程序。

自适应代理技术：可以根据用户定义的安全策略，动态适应传送中的分组流量。如果安全要求较高，则安全检查应在应用层完成，以保证代理防火墙的最大安全性；一旦代理明确了会话的所有细节，其后的数据包就可以直接到达速度快得多的网络层。该技术兼备了代理技术的安全性和其他技术的高效性。

（七）网络的安全管理

安全管理有两层含义：保证网络用户和网络资源不被非法使用；确保网络管理系统本身不被未经授权地访问。网络安全管理的主要内容包括：与安全措施有关的信息分发（如密钥的分发和访问权设置等）；与安全有关的文件通知（如网络有非法侵入、无权用户对特定信息的访问企图等）；安全服务设施的创建、控制和删除；与安全有关的网络操作文件的记录、维护和查阅等日志管理工作等。

1. 安全管理目标

安全管理的目标包括：① 防止未授权存取；② 防止泄密；③ 防止用户拒绝系统的管理；④ 防止丢失系统的完整性。

2. 安全管理的实现

安全管理部门应根据管理原则和该系统处理数据的保密性，制定相应的管理制度或采取相应的规范。具体工作有：

① 根据工作的重要程度，确定该系统的等级；② 根据确定的等级，确定安全管理的范围；③ 制定相应的机房出入管理制度；④ 制定严格的操作规程；⑤ 制定完备的系统维护制度；⑥ 制定应急措施。

网络安全管理是网络安全、高效、稳定运行的必要手段。它通过规划、监视、分析、扩充和控制网络来保证网络服务的有效实现，是整个网络系统不可缺少的重要部分。一个信息系统必须制定网络安全管理策略，并根据这一策略设计和实现网络安全管理系统。

第五节　信息系统的安全

一、信息系统面临的威胁和攻击

计算机信息系统是由计算机及其相关和配套的设备、设施（含网络）构成的，按照一定的应用目标和规则对信息进行采集、加工、存储、传输、检索等处理的人机系统。它由实体和信息两大部分组成。实体是指对信息进行采集、传输、存储、加工处理、分发和利用的计算机及其外部设备和网络；信息是指存储于计算机及其外部设备上的程序和数据。由于信息系统所具有的开放特性和资源共享特性，使其存在潜在的威胁和容易受到攻击。这主要表现在两个方面：一是对实体的威胁和攻击；二是对信息的威胁和攻击。

二、信息系统的安全策略和措施

信息系统采取的安全策略主要包括四个方面：法规保护、行政管理、安全教育和技术措施。

（一）法规保护

有关信息系统的法规大体上可以分为社会规范和技术规范两类。

1. 社会规范

社会规范是调整信息活动中人与人之间的行为准则。要结合专门的保护要求定义合法的信息活动，不正当的信息活动要受到民法或刑法的限制或惩处。发布阻止任何违反保护要求的禁令，明确用户和系统人员应履行的权利和义务，包括保密法、数据保护法、计算机安全法、计算机犯罪法等。

合法的信息活动受到法律保护，并应遵循以下原则。① 合法信息系统原则：按一定的法律程序注册、建立信息系统，不符合准则的信息系统不予注册，未注册的系统其安全不受法律保护。② 合法用户原则：进入系统的用户必须是经过严格技术审查和信息利用目的审查，并登记注册的。③ 信息公开原则：信息系统中允许收集、扩散、维护有关的和必要的信息，系统对这些信息的常规使用方式对法律公开。④ 信息利用原则：用户信息按用户确认和系统允许的形式保存在系统中，用户有权查询和复制这些信息，有权修改名称和内容，但向他人和外部泄露则应予以限制和制止。⑤ 资源限制原则：信息系统中保持的信息类型应给予适当限制，不允许超出系统合法权益的信息类型，并对信息保持的时限和精确性也给出限制。

2. 技术规范

技术规范是调整人与自然界之间关系的准则，其内容包括各种技术标准和规程，如计算机安全标准、网络安全标准、操作系统安全标准、数据和信息安全标准、电磁兼容性标准、电磁泄露极限等。这些法律和标准是保证信息系统安全的依据和主要保障。

（二）行政管理

行政管理是安全管理的一般行政措施，是依据系统的实践活动，为维护系统安全而建立和制定的规章制度和职能机构。

1. 组织及人员制度

加强各种机构（如安全审查、安全管理等机构）、人员的安全意识和技术培训及人员选择，严格操作守则，严格分工原则。严禁程序设计人员同时担任系统操作员，严格区分系统管理员、终端操作员和程序设计人员，不允许工作交叉。

2. 运行维护和管理制度

包括设备维护制度、软件维护制度、用户管理制度、密钥管理制度、出入门管理、值班守则、操作规程、行政领导定期检查和监督等制度。

3. 计算机处理的控制与管理制度

包括编程流程及控制、程序和数据的管理，复制及移植、存储介质的管理，文件的标准化以及通信和网络的管理。

4. 其他各类规章制度

例如，机房保卫制度；对各种凭证、账表、资料要妥善保管、严格控制；记账要交叉复核，各类人员所掌握的资料要与其身份相适应；做信息处理用的机器要专机专用，不允许兼作其他用机；终端操作员因事离开终端，必须将终端退回到登录画面，避免其他人员使用该终端进行非法操作等。

（三）安全教育

对系统的工作人员，如终端操作员、系统管理员、系统设计人员等，进行全面的安全、保密教育，进行职业道德和法制教育，因为他们对系统的功能、结构比较熟悉，对系统的威胁很大。对于从事重要信息系统工作的人员，更应重视教育，并挑选素质好、品质可靠的人员担任。

（四）技术措施

技术措施是信息系统安全的重要保障。实施安全技术，不仅涉及计算机和外部设备及其通信和网络等实体，还涉及数据安全、软件安全、网络安全、运行安全和防病毒技术。安全技术措施应贯穿于系统分析、设计、运行和维护及管理的各个阶段。

信息系统的安全保证措施是系统的有机组成部分，应以系统工程的思想、系统分析的方法，对系统安全需求、威胁、风险和代价进行综合分析，从整体上综合最优考虑，采取相应对策。只有这样，才能建立起一个有一定安全保障的计算机信息系统。

三、信息系统的安全技术

信息系统的安全技术主要包括以下几个方面：实体安全、数据安全、软件安全、运行安全、防病毒破坏或干扰、防计算机犯罪等。

（一）实体安全

信息系统的实体安全是指在全部计算机和通信环境内，为保证信息系统安全运行，确保系统在信息的采集、传输、存储、处理、显示、分发和利用的过程中，不致受到人为的或自然因素的危害而使信息丢失、泄露和破坏，对计算机系统设备、通信和网络设备、存储媒体和人员所采取的措施。实体安全是确保信息系统安全的前提。实体安全主要包括以下内容：

1. 场地环境安全

信息系统的主场地，主要是机房等中心区域的选择，应远离有害气体源及存放腐蚀、易燃、易爆物品的地方；远离强动力设备和机械，避开高压线、雷达站、无线电发射台和微波中继线路；远离强振动源和噪声源；有较好的防风、防火、防水、防地震及防雷击的条件等。

2. 设备安全

信息系统应根据实际需要选择和配置设备，除了考虑设备本身稳定可靠以外，主要应从以下两个方面提高设备的安全性：

（1）防电磁泄露

防电磁泄露是信息系统安全的一个重要环节。抑制信息外泄的方法有以下两种：第一，采用电子屏蔽技术来掩饰计算机的工作状态和保护信息；第二，采用物理抑制技术，一种方法是对线路单元、设备乃至系统进行屏蔽，以阻止电磁波的传播；另一种方法是从线路和元器件入手，从根本上解决计算机及外部设备各处辐射的电磁波，消除产生较强电磁波的根源。

（2）抗电磁干扰

计算机及其外部设备工作时产生的寄生电磁辐射，在空间以电磁波的形式传输，当辐射出的能量超过一定程度时就会干扰计算机本身和周围的电子设备。

通常，抑制电磁干扰的基本方法主要有三种。

一是电磁屏蔽：凡是受到电磁场干扰的地方，可用屏蔽的办法削弱干扰，以确保信息系统正常运行。不同干扰场采用不同的屏蔽方法，如电屏蔽、磁屏蔽或电磁屏蔽，并将屏蔽体良好接地。

二是接地系统：采用接地系统，不仅可以消除多电路之间流经公共阻抗时所产生的共阻抗干扰，避免计算机电路受磁场和电位差的影响，而且可以保证设备及人身安全。对于系统内的交流地、直流地、防雷地和安全地，接地线要分开，不要互连。进入计算机的电源线、信号线都应采用金属屏蔽线穿在铁套管内，并在屏蔽层两端接地，以防干扰及雷电入侵。

三是电源系统：电源电压波动或负载幅度变化引起的瞬态电压、电流冲击，会通过电源进入计算机，不但会使计算机信息出错，还会威胁计算机及其器件的寿命与安全。为了保证信息系统的稳定性和安全，系统的主机机房应采用双路供电或一级供电，并配有不间断电源（UPS），系统电源不应与其他电器设备，特别是强力和冲击电力设备共用，以避免过压、欠压冲击。

要完全避免和防止电磁干扰是不现实的，上述措施可以将电磁干扰控制在一定范围内，以不影响和破坏系统的正常工作。

（3）存储介质安全

信息系统中的信息都存在存储介质中，而存储介质的安全是保证数据安全的重要一环，应引起足够的重视。目前的存储介质主要有磁盘、磁带、光盘等，应分门别类，以一套严密的科学管理制度和方法进行管理。存储介质的主要防护要求有防火、防高温、防潮、防霉、防水、防震、防电磁场和防盗等。对存储介质要定期检查和清理。

（二）数据安全

数据安全主要是指为保证信息系统中数据库或数据文件免遭破坏、修改、泄露和窃取等威胁和攻击而采取的技术方法。它包括存取控制技术、数据加密技术、用户识别技术，以及建立备份、异地存放、妥善保管等技术和方法。

（三）软件安全

软件安全主要是指为保证信息系统中的软件（如操作系统、数据库系统或应用程序）免遭破坏、非法拷贝、非法使用而采取的技术和方法。它包括口令的控制与鉴别技术、软件加密技术、软件防拷贝和防动态跟踪技术等。可以采用高安全性软件产品（如高安全级系统软件和标准工具软件、软件包等）。对自己开发的软件，应建立一套严格的开发及控制技术，保证软件无隐患，满足某种安全标准。此外，不要随便复制未经检测的软件。

（四）运行安全

运行安全包括安全运行与管理技术、系统的使用与维护技术、随机故障维修技术、软件可靠性与可维护性保证技术、操作系统的故障分析与处理技术、机房环境的监测与维护技术、实测系统及其设备运行状态的记录及统计分析技术等，以便及时发现运行中的异常情况，及时报警，同时提示用户采取适当措施。

四、可信计算机系统

根据不同层次的安全要求，TCSEC 标准按照可靠程度将计算机系统由低到高分为 D、C、B、A 四个等级，每个等级又分若干级别，它的结构是层次性的，下层的系统必须满足上层的要求。

D 级计算机系统基本上是不安全的，所有个人计算机都只能被评为 D 级。

任何操作系统具有两种工作状态（管理态、用户态）的计算机都可评为 C 级。C 层计算机的操作系统要能保护其自身不被修改，而且对用户设置口令。C 级与 C_2 级都要求任意存取控制，它们的差别在于存取控制和审计跟踪。C 级计算机没有审计跟踪功能。C_2 级计算机必须识别单个用户，将管理人员要求防备的用户排斥在系统之外，因此必须有注册和存取控制等机制。C 级计算机主要适应于商业方面，但一些重要的企业、银行、邮电部门的计算机由于要处理敏感信息都应当是 C_2 级的。目前市场上大多数也只能达到 C 级，有些操作系统稍加改造后或附加在安全软件之后，可达到 C_2 级。

B、B_2、B_3 级计算机系统除了要满足 C 层计算机的所有要求外，还要求实施强制存取控制。B_3 级是依赖于技术的最高评价等级，因为 A 层计算机取决于制造人员的可靠程度。B_3 级计算机的操作系统结构分为几个域，每个域都有自己的一组寄存器、指令、存储器。到目前为止，还没有令人满意的 B_3 级产品，所以美国国家计算机安全中心提出的口号是"到 2003 年达到 B_3 级"。

A 级计算机系统要求用数字来验证其设计过程，目前正处在研制过程中。

第六节　电子商务安全

随着网络技术和应用的不断发展，越来越多的企业在互联网上建立了各自的网站，通过便捷、经济的方式展示企业形象、推销产品，促进了网上交易的发展，并带来了一种全新的营销模式——电子商务（E-commerce）。目前，全球范围内已有数以万计的电子商务系统在运行，涉及金融、电信、政府、交通、旅游、媒体、工商等各个行业。电子商务作为一种信息社会的商务模式，正在以超出人们预期的速度向前发展，对整个社会经济活动产生了并持续产生着重大影响。

从狭义上讲，电子商务是指买卖双方及其相关方利用计算机网络和数字化手段进行产品与服务的交易活动。广义的电子商务则涵盖了利用计算机网络和数字化手段进行的全部商务活动，包括市场分析、客户联系、交易、物资调运、公司内部沟通等。

电子商务系统是进行电子商务活动的计算机硬件、软件、网络与通信设备、相关人员与组织以及法律、制度、标准、规范的有机统一体。电子商务系统通常包括交易双方、提供技术和业务支持的相关方以及他们使用的各种技术手段。涉及的人员与组织包括：

① 客户（购物者、消费者）；② 供货方（产品/服务提供者、电子商店）；③ 银行（客户与供货商均设账户的银行、发行信用卡的银行）；④ 认证中心（对交易各方的合法性进行检验与确认的机构）；⑤ 互联网服务提供商（ISP）；⑥ 运输公司或货物配送中心。

一、电子商务对安全的要求

电子商务（EC）是利用电子数据交换、电子邮件、电子资金转账及互联网技术在个人、企业与政府间进行无纸化的业务信息交换。电子商务从早期的 E-Commerce 阶段发展到如今的 E-Business，从最初的企业间（Business To Business）电子交易模式扩展到如今的企业与客户（Business To Customer）的商务模式。不仅如此，电子商务还逐步实现了商品广告、货物选择以及在线支付等功能的全面整合。这种发展趋势使得现有的网络安全架构面临诸多新挑战。从传统的基于纸张的贸易方式向电子化的贸易方式转变的过程中，如何确保电子化贸易方式的安全性与传统方式相当，成为人们关注的焦点，同时也是电子商务全面应用的关键问题之一。因此，确保电子商务过程中系统的安全性是实现电子商务的关键。

电子商务对安全的要求主要体现在以下几个方面。

（一）有效性

电子商务以电子形式取代了纸张，因此如何保证这种电子形式的贸易信息的有效性是开展电子商务的前提。电子商务作为贸易的一种形式，其信息的有效性直接关系到个人、企业或国家的经济利益和声誉。

（二）保密性

电子商务作为贸易的一种手段，其信息直接涉及个人、企业或国家的商业机密。传统的纸面贸易通过邮寄封装的信件或可靠的通信渠道发送商业报文来保守机密。而电子商务建立在相对开放的网络环境上，防止非法信息存取以及信息在传输过程中被非法窃取或篡改，是电子商务全面推广应用的基本保障。

（三）完整性

电子商务简化了贸易过程，减少了人为干预，但也带来了维护贸易各方商业信息完整性和一致性的问题。由于数据输入时的意外差错或欺诈行为，可能导致贸易各方信息的差异。此外，数据传输过程中信息的丢失、重复或传送次序的差异也会导致贸易各方信息的不同。贸易各方信息的完整性将影响交易和经营策略，保持贸易各方信息的完整性是电子商务应用的基础。

（四）不可抵赖性/可鉴别性

在传统的纸面贸易中，贸易双方通过在交易合同、契约或贸易单据等书面文件上手写签名或印章来鉴别贸易伙伴、合同、契约、单据的可靠性，并防止抵赖行为的发生。而在无纸化的电子商务方式下，通过手写签名和印章进行贸易方的鉴别已不再可能。因此，如何在电子商务过程中确定交易双方的身份是保证电子商务顺利进行的关键。

（五）审查能力

根据数据的保密性和完整性以及电子商务的法律证据要求，应对数据审查的结果进行记录。

二、电子商务的安全概念

电子商务的发展前景十分诱人，但其安全问题也日益突出。如何建立一个安全、便捷的电子商务应用环境，对信息提供足够的保护，已经成为商家和用户共同关注的话题。

电子商务的一个重要技术特征是利用信息技术来传输和处理商业信息。因此，电子商务安全从整体上可分为两大部分：交易环境的安全和交易过程的安全。

交易环境的安全主要针对计算机网络本身可能存在的安全问题，实施网络安全增强方案，以确保计算机网络自身的安全性为目标。计算机网络安全的内容已在本书的相关章节中介绍，此处不再赘述。

交易过程的安全则围绕传统商务在互联网上应用时产生的各种安全问

题，在计算机网络安全的基础上，保障电子商务过程的顺利进行，即实现电子商务的保密性、完整性、可鉴别性、不可伪造性和不可抵赖性。

环境安全与过程安全在电子商务中是密不可分的，两者相辅相成，缺一不可。没有环境安全作为基础，交易过程的安全就如同空中楼阁，无从谈起。没有交易过程的安全保障，即使环境再安全，仍然无法满足电子商务特有的安全要求。

三、电子商务的安全技术

安全是电子商务的核心问题。由于 Internet 的开放性，安全控制尤为复杂，它是电子商务成败的关键。电子商务的安全控制手段主要采用数据加密、数字签名、数字证书和认证中心。数据加密和数字签名技术已在本章第四节中介绍，这里不再重复。数字证书是证实交易各方身份和对网络访问权限的手段，包括证书持有者的姓名、公共密钥、发证机关和凭证号等。认证中心是对交易各方身份进行确认、签发管理数字证书的企业性服务单位。

为了保证电子商务的安全性，近年来，信息界和金融界共同推出了一系列有效的电子商务安全交易标准。

一是安全超文本传输协议（SHTTP），依靠密钥对的加密，保证 Web 站点间交易信息传输的安全性。

二是安全交易技术协议（Secure Transaction Technology，STT），将认证和解密在浏览器中分离开，以提高安全控制能力。

三是安全套接层协议（Secure Sockets Layer，SSL），提供加密、认证服务和报文完整性管理。

四是安全电子交易协议（Secure Electronic Transaction，SET），涵盖了信用卡在电子商务交易中的交易协定、信息加密、资料完整管理、数字凭证、数字认证及数字签名等内容。

（一）安全交易协议标准

1. SSL 协议

SSL 协议是 Netscape 公司在网络传输层之上提供的一种基于 RSA 和保密密钥的用于浏览器和 Web 服务器之间的安全连接技术。它被视为 Internet 上 Web 浏览器和服务器的标准安全性措施。SSL 提供了用于启动 TCP/IP 连接的安全性"信号交换"。这种信号交换导致客户和服务器同意将使用的安全性级别，并履行连接的任何身份验证要求。它通过数字签名和数字证书可实现浏览器和 Web 服务器双方的身份验证。

这种简单加密模式的特点是：① 部分或全部信息加密；② 采用对称和非对称加密技术；③ 通过数字证书验证身份；④ 采用防止伪造的数字签名。

SSL 协议在应用层收发数据前，协商加密算法，连接密钥并认证通信双方，从而为应用层提供了安全的传输通道；在该通道上可透明加载任何高层应用协议（如 HTTP、FTP、TELNET 等）以保证应用层数据传输的安全性。SSL 协议独立于应用层协议，因此，在电子交易中被用来安全传送信用卡号码。

SSL 协议的握手流程由两个阶段组成：服务器认证和用户认证（可选）。

在一次交易过程中，客户的证书首先传送到银行 Server 方，服务器先验证有效期，再根据签发者（CA）名称找到签发者公钥（在 CA 的根证书内），验证证书的数字签名的合法性。Web 服务器上的 SSL 安全性要求步骤包括：① 生成密钥对文件和请求文件。② 从认证机构请求一个证书。③ 在服务器上安装证书。④ 激活 WWW 服务文件夹上的 SSL 安全性。

服务器根据客户的信息确定是否需要生成新的主密钥，如需要则服务器在响应客户的消息时将包含生成主密钥所需的信息；客户根据收到的服务器响应信息，产生一个主密钥，并用服务器的公钥加密后传给服务器；服务器恢复该主密钥，并返回给客户一个用主密钥认证的信息，以此让客户认证服务器。这样通过主密钥引出的密钥对一系列数据进行加密来认证服务器，从而建立安全的通信通道。

此前，服务器已经通过了客户认证，接下来要完成对客户的认证。经认证的服务器发送一个提问给客户，客户则返回（数字）签名后的提问和其公钥，从而向服务器提供认证。SSL 支持各种加密算法。在"握手"过程中，使用 RSA 公钥系统。密钥交换后，使用一系列密码。公钥认证遵循 X.509 标准。

SSL 是一个面向连接的协议，在涉及多方的电子交易中，只能提供交易中客户与服务器间的双方认证，而电子商务往往是用户、网站、银行三方协作完成，SSL 协议并不能协调各方间的安全传输和信任关系；此外，购货时用户要输入通信地址，这样将可能使得用户收到大量垃圾信件。因此，为了实现更加完善的电子交易，MasterCard 和 Visa 以及其他一些业界厂商制订并发布了 SET 协议。

2. SET 协议

1997 年 5 月，由 Visa、MasterCard 等联合推出，并得到 IBM、Netscape、Microsoft、Oracle 等公司支持的安全电子交易（SET）规范为在 Internet 上进行安全的电子商务提供了一个开放的标准。

SET 要达到的最主要的目标包括以下八点。

第一，信息在 Internet 上安全传输，保证网上传输的数据不被黑客窃听。

第二，订单信息和个人账户信息的隔离。

第三，消费者和商家的相互认证。一般由第三方机构负责为在线通信双方提供信用担保。

第四，要求软件遵循相同的协议和消息格式，使不同厂家开发的软件具有兼容和互操作功能，并且可以运行在不同的硬件和操作系统平台上。

SET 协议针对开放网络上安全、有效的银行卡交易，为 Internet 上卡支付交易提供高层的安全和反欺诈保证。SET 协议为电子交易提供了安全措施，它保证了电子交易的保密性、可审查性、身份的合法性和抗否认性。

第五，保密性：SET 协议采用先进的公开密钥算法来保证传输信息的保密性，以避免 Internet 上任何无关方的窥探。SET 协议也可通过双重签名的方法将信用卡信息直接从客户方通过商家发送到商家的开户行，而不允许商家访问客户的账号信息，这样客户在消费时可以确信其信用卡号没有在传输过程中被窥探，而接收 SET 交易的商家因为没有访问信用卡信息，故免去了在其数据库中保存信用卡号的责任。

第六，可审查性：通过 SET 协议发送的所有报文加密后，将为之产生一个唯一的报文摘要值，一旦有人企图篡改报文中包含的数据，该数值就会改变，从而被检测到。

第七，身份验证：SET 协议可使用数字证书来确认交易涉及的各方（包括商家、持卡客户、发卡行和支付网关）的身份，为在线交易提供一个完整的可信赖的环境。

第八，抗否认性：SET 交易中数字证书的发布过程也包含了商家和客户在交易中存在的信息。因此，如果客户用 SET 发出一个商品的订单，在收到货物后他（她）不能否认发出过这个订单；同样，商家以后也不能否认收到过这个订单。

（二）安全交易技术

1. 数字认证

数字认证可用电子方式证明信息发送者和接收者身份、文件的完整性，以及数据媒体的有效性。随着商家在电子商务中越来越多地使用加密技术，人们都希望有一个可信的第三方，以便对有关数据进行数字认证。

目前，数字认证一般都通过单向 Hash 函数来实现，它可以验证交易双方数据的完整性。同时，商家也可以使用 PGP（Pretty Good Privacy）技术，它允许利用可信的第三方对密钥进行控制。可见，数字认证技术将具有广泛的应用前景，它将直接影响电子商务的发展。

2. 电子商务认证中心（CA）

建立安全的认证中心（CA）是电子商务的中心环节。其目的是加强数字证书和密钥的管理工作，增强网上交易各方的互相信任，提高网上购物和网上交易的安全，控制交易的风险。

数字证书是网络通信中标志通信各方身份信息的一系列数据，其作用类似于生活中的身份证，用以在网络上鉴别一个人或组织的真实身份。数字证书必须由权威的、公正的认证机构来管理。

认证中心是一个可信任的、负责发布和管理数字证书的权威机构，其基本功能包括：生成和保管符合安全认证协议要求的公共和私有密钥、数字证书及其数字签名；对数字证书和数字签名进行验证；对数字证书进行管理，重点是证书的撤销管理，同时追求实施自动管理；建立应用接口，特别是支付接口。CA 是否具有支付接口是能否支持电子商务的关键。要建立安全的电子商务系统，必须首先建立一个稳固、健全的认证系统。

认证系统从功能上基本可以划分为认证中心 CA、证书登记机构 RA 和证书公布系统 WP。CA 放在一个单独的封闭空间中，为了保证运行的绝对安全，其人员及制度都有严格的规定，并且系统设计为离线网络。CA 的功能是在收到来自 RA 的证书请求时，颁发证书。一般的个人证书发放过程都是自动进行，无需人工干预。证书登记机构 RA 分散在各个网上银行的地区中心。RA 与网银中心有机结合，接受客户申请，并审批申请，把证书正式请求通过银行企业内部网发送给 CA 中心。RA 与 CA 双方的通信报文也通过 RSA进行加密，确保安全。系统的分布式结构适于新业务网点的开设，具有较好的扩充性。通信协议为 TCP/IP。证书公布系统置于 Internet 上，是普通用户和 CA 直接交流的界面。对用户来讲它相当于一个在线的证书数据库。用户的证书由 CA 颁发之后，CA 用 E-mail 通知用户，然后用户用浏览器从这里下载证书。

3. 虚拟专用网（VPN）

这是用于 Internet 交易的一种专用网络，它可以在两个系统之间建立安全的信道（或隧道），用于电子数据交换。它和信用卡交易与客户发送订单交易不同，因为在 VPN 中，双方的数据通信量要大得多，而且通信的双方彼此都很熟悉。这意味着可以使用复杂的专用加密和认证技术，只要通信的双方默认即可，没有必要为所有的 VPN 进行统一的加密和认证。现在的或正在开发的数据隧道系统可以进一步增加 VPN 的安全性，因而能够保证数据的保密性和可用性。

4. 加密技术

保证电子商务安全的最重要的一点就是使用加密技术对敏感的信息进行加密。目前，一些专用密钥加密和公钥加密可用来保证电子商务的保密性、完整性、真实性和非否认服务。

第九章　大数据时代下信息管理的发展方向与趋势

信息作为人类社会发展的重要资源之一，已引起人们的广泛关注。世界各国纷纷从战略高度重新审视信息在其国家发展中的关键作用。因此，如何全面收集信息、促进信息共享、确保信息管理过程中的保密与安全，以及推动社会信息化等议题，已成为各国亟需从宏观层面进行规划的重要课题。

信息技术的飞速发展虽然为信息管理带来了重大变革，但也引发了信息污染、信息犯罪、信息安全等多方面的问题。这些问题的解决不能仅依赖技术本身，相关政策、法律法规和伦理道德建设同样不可或缺。作为一个新兴产业，信息产业的发展与繁荣需要政策和法规的规范、引导及扶持。

第一节　信息政策及其体系

政策是政府或社会集团在一定时期内为调动或约束社会力量以达到制定者预期目标的方针、策略和行动规则，对社会或组织的发展起到宏观指导和规范的作用。在信息经济时代，信息政策对国家或组织的重要性不言而喻，它直接关系到信息事业的成败和兴衰。因此，信息政策的研究与制定成为世界各国的重要课题。

一、信息政策的含义

信息政策是一个先于概念的"先行用语"，人们从不同的学科或角度去理解它。目前，国内外对信息政策的含义尚无统一认识。以下是几个典型的信息政策概念。

（1）信息政策是一定的团体组织为实现一定的信息管理目标而规定的信息管理活动的行为准则，是进行信息管理各项决策的指导方针。

（2）信息政策是对信息系统运行机制进行调节的一整套政策体系，是指导信息事业发展的策略原则。

（3）信息政策是根据需要制定的有关发展和管理信息事业的方针、原则和办法，它是调整国家信息实践活动并借以指导、推动整个信息事业发展的行动指南。

（4）信息政策是国家用于调控信息业的发展和信息活动的行为规范和准则，它涉及信息产品的生产、分配、交换和消费等各个环节，以及信息业的发展规划、组织与管理等综合性问题。

（5）信息政策是一切用以鼓励、限制和规范信息创造、使用、存储和交流的公共法律、条例和政策的集合。

（6）信息政策是指调整国家信息活动并借以指导、推动整个社会信息活动发展的行动指南。

由于"信息"这一概念本身就具有多义性，使得信息政策的概念也具有多义性。要对信息政策下一个明确定义存在一定的困难。综上所述，从广义上来说，信息政策是指用以调节信息收集、加工、存储、处理及传播等信息活动的指导原则、法令、指南、规则、条例、手续等所构成的相关的政策群体，它涉及信息产品的生产、分配、交换和消费等各个环节以及整个信息产业的相关问题。而从狭义上来说，信息政策是以科技情报政策、大众传播政策以及电信政策为基础的政策集合。我们主要从广义的角度来理解信息政策。

信息政策的内容具有交叉性。通常而言，信息政策的问题同时还是其他政策的有机组成部分。例如，经济信息政策是整个信息政策中的一个不可分割的有机部分，同时它又是经济政策领域的一部分。也就是说，经济信息政策是经济政策和信息政策交叉的政策领域。

信息政策的主体具有多样性。信息政策的主体涉及社会的各个方面，从国家到地方政府，从政府的各个行业主管部门到社会团体以及公司企业，只要把信息问题政策化，就有可能提出各种政策方案，实施各种政策措施。

正是因为信息政策内容的交叉性及其主体的多样性，使得信息政策还具有政策价值多元化、政策目标的多重化等特点，因此说，信息政策具有复合性。

二、信息政策的体系结构

信息政策是具有复合性的问题群，因此，要更深入地了解信息政策，就有必要从整体上把握其体系结构。

（一）从信息政策作用的范围来看

从作用范围看，信息政策可以分为国家信息政策、地区信息政策、组织信息政策、国际信息政策等。

国家信息政策是由国家政府制定的，用于从宏观上指导和规划全国范围内的信息工作及信息产业的相关问题。国家信息政策的内容，反映了国家和政府对本国信息工作、信息产业或引导或扶植的态度，从而在很大程度上影响着本国信息工作、信息产业的发展。

地区信息政策则是在国家信息政策的指导下，从地区现状的角度出发，对本地区的信息工作、信息市场进行引导和规范而制定的一系列原则、指南、规定、条例等。地区信息政策的制定有一定的灵活性，地方政府可以根据地区发展特色制定符合本地区的信息政策。

组织信息政策的作用范围更窄，它是不同的组织根据需要制定的作用于组织内部的信息政策，包括信息收集、信息传播、信息服务、信息共享等方面的规章制度，以及相关的激励和处罚条例。组织信息政策只在本组织范围内有效，而组织也完全可以根据本组织的需要，随时增加、删减或修改信息政策的内容，其最终目的只有一个，那就是服务于企业的生产经营活动，为企业的盈利作出贡献。需要指出的是，尽管组织信息政策的制定和实施有很大的自主性和随意性，其内容必须符合所在国家和地区信息政策的相关规定和要求。

随着信息技术的发展，国家和国家之间的信息交流问题日益增多。信息化带来的数字鸿沟、文化侵略、跨境信息流，以及一些跨国纠纷等问题的解决都涉及两个甚至多个国家的共同合作。因此，一些国际组织、有关的国家之间都在制定一些能够解决诸多国家的信息工作、信息产业等方面问题的政策、条例。

国家信息政策是地区信息政策、组织信息政策的基础；地区信息政策在国家信息政策基础之上进行适当的扩展或修改；而组织信息政策则更具有灵活性，但同时也必须符合国家信息政策和地区政策的相关精神；国际信息政策是在各国国家信息政策基础上，考虑本国的现状和利益制定的在和其他国家或国际组织之间交流的过程中所采纳的原则和标准，同时，国际信息政策也对国家信息政策具有约束力。

（二）从社会宏观的信息结构角度来看

从宏观角度来说，社会信息结构可以分为以下三层。第一层是社会信息基础结构层，主要指国内外的信息通信网络。第二层为信息开发层，又称社会信息平台，主要由各种开发信息系统、软件等的产业群构成。第三层则和利用者连为一体构成信息服务和利用的层面，其活跃的产业主要是各种信息服务业。现代社会的信息生产、处理、传播、利用的活动可以放在由信息通信（Information Communication）、信息平台（Information Platform）、信息应用（Information Content/Application）构成的现代社会信息构造中去理解，而其产生的相应的政策问题也可以归结为这三者以及三者之间的关系问题。

因此，信息政策也可以分为三层：

第一层，信息通信层的信息政策。主要是关于信息基础设施建设、通信网络系统方面的信息政策，电信政策就是其中的典型代表。

第二层，信息平台层的信息政策。信息平台层主要是指有关信息技术、信息产业发展的政策。

第三层，信息应用层的信息政策。信息应用层涉及各种具体的信息内容和信息服务，包括个人、组织、政府机关在内的众多主体在信息工作过程中涉及的各种信息政策都属于这个范围之内，如知识产权政策、图书情报政策、信息安全政策、个人信息保护政策、信息公开政策、社会信息化政策、信息标准化政策等。事实上，以上三个层次的信息政策并不能完全地分开，它们之间是有交叉联系的。有一些信息政策问题群并不一定仅仅归属于唯一的领域，可能涉及其他一些领域，如信息标准化、社会信息化政策等问题群是一个跨越以上三个层次的政策问题群。

（三）信息政策结构的 Moore 矩阵

Moore 通过对各国信息政策发展实践的考察，在前人研究的基础上提出了一个分析信息政策的二维矩阵模型。该模型将信息政策目标放在一个二维空间中，集中研究产业、组织和社会的需求差异。

Moore 的信息政策矩阵将信息政策置于产业层次、组织层次及社会层次三个层次上，从信息技术、信息市场、信息管理、人力资源和法律法规几个要素的角度来探讨。产业政策层次主要考虑在一国范围内与信息部门的发展相关联的政策问题，研究信息政策如何规范信息服务部门的发展；组织政策层次将信息作为一种资源加以管理和利用，从充分发挥信息对机构的正面影响、提高组织内部的工作效率和组织本身的竞争实力的角度来制定相应的信息政策；社会政策层次主要从社会的角度出发，考虑个人和社会团体相关联的信息需求与信息供给的有关问题。

在以上三个层次的基础上，信息政策研究和信息政策制定的过程中同时要考虑以下几个因素。

第一，信息技术因素：包括通信设施、信息系统等政策目标。

第二，信息市场因素：将信息作为一种商品，从信息商品的生产、消费、交换、分配等角度进行考虑，同时还面向所有的非商品性的信息交换制定相应的政策和规定。

第三，信息管理因素：从信息的收集、存储、处理、检索、传输、服务、利用等信息管理过程考虑，研究和制定相关的信息政策。

第四，人力资源因素：人是信息活动中的主体，也是信息市场、信息管理的重要主体。因此，考虑人员的教育和培训，促使大众增强信息意识，改进个人获取和处理信息以及利用信息获益的技能等，也应当成为信息政策关注的目标。

第五，法律法规因素：主要是强调立法工具对实现信息政策目标的重要作用。

另外，克里斯安松和拉杰伯格发展了一个信息政策模型，对微观层面、宏观层面和经济、社会、文化、技术等所有相关方面的现象进行了研究。与 Moore 矩阵相比，该模型对信息政策的层次作了更详细的划分，而信息政策所涉及的方面也更加详尽。

三、我国的信息政策

信息政策是一个复杂的政策群，国家信息政策是其中的重要领域之一。它是制定地区信息政策、组织信息政策和国际信息政策的基础和重要参考。以下我们主要从国家信息政策的角度介绍我国信息政策的现状。

因此，制定我国的信息政策，一定要考虑我国的基本国情，还要充分吸收和借鉴国外的有益经验。在加强信息政策研究工作的基础上，逐渐完善信息政策体系，健全信息政策手段，改进信息政策的实施和评价环节，并完善信息政策的反馈系统，从而为我国信息工作及信息产业的发展创造良好的政策环境。

第二节　信息法

法律是由国家立法机关制定或认可，并由国家强制力保证实施的各种行为规范的总和。它通过规定相关主体的权利义务关系，来协调各种利益关系，调整社会关系，维护社会的稳定。从另一个角度来说，法律也是调整社会发展中各种问题的重要途径之一。一旦法律建立在技术革命及其他社会经济价值取得平衡的基础上，就不仅仅起到规范作用，也必定会起到激励和促进作用。信息化进程的逐渐深入和信息技术的应用所带来的一系列问题，也同样呼唤着信息法的产生和成熟，加强信息法治建设势在必行。

一、信息法的类型

由于目前我国对信息立法的研究仍处于初级阶段，人们对信息法的概念也没有统一的认识。很多专家学者从自己的角度阐述了信息法的含义，目前有代表性的主要有以下几个。

第一，信息法是调整人类在信息的采集、加工、存储、传播和利用等活动中发生的各种社会关系的法律规范的总称。它的作用在于规范信息主体的信息活动，协调和解决信息矛盾，保护国家利益和社会公共利益，推动经济与社会良性运行和协调发展。

第二，信息法是国家为信息产业制定的，以一定信息经济关系为调整对象的法律规范的总和。

第三，信息法是指国家制定的，调整在信息的取得、使用、转让和保护等过程中所产生的各种利益问题和安全问题的全部法律规范，而不只是其中的某一部分或某一方面的法律规范。

第四，信息法是指调整在信息活动中产生的各种社会关系的法律规范的总称，其调整对象是在信息活动中产生的各种社会关系。

以上论述尽管在表述上各不相同，但都强调了信息法调整信息活动产生的社会关系这一功能。所谓社会关系，是指人们在社会生产和社会活动中结成的关系。信息活动的范围很广，是指人们从事的与信息相关的包括信息的获得、存储、处理、传播等在内的一切活动。从社会宏观的角度来看，信息活动还催生了现在日益强大的信息产业，信息产业发展过程中产生的各种社会关系，也在信息法调整的范围之内。但是，有一点需要明确的是，并非所有的信息活动中的社会关系都在信息法规范的范围之内。

从法律关系的角度来看，信息法律关系是根据信息法产生的，以主体之间的权利义务关系为表现形式的特殊社会关系。信息法律的主体包括自然人、法人和国家三大类，是指信息法律关系中的权利享有者和义务承担者，其资格和条件是由法律加以规定的，同时还受到人们认识水平以及经济与社会发展水平等因素的制约。信息法律关系的客体即信息，是信息法律关系主体的权利和义务所指向的对象。但只有能够满足信息主体的利益或需求，同时又能得到国家法律确认和保护的信息，才是信息法律关系的客体。而那些虽能满足信息主体的利益或需求，但却为国家法律所禁止或不予保护的黄色信息等则不属于信息法律客体的范围。信息法律关系的内容则是信息法律关系的主体之间相对于其客体的权利与义务，它们两者之间相互依存，是信息法的核心。信息法律主体的权利是指其依法为或不为一定的行为，以及要求他人为或不为一定行为的可能性；而信息法律的义务则是指其依法必须为或不为一定行为的必要性。

信息法的渊源是指信息法律规范借以表现和存在的具体形式，基本上可分为成文法和不成文法两大类。前者亦称制定法，包括宪法、法律、行政法规、地方性法规及单行条例、法定解释等；后者亦称非制定法、习惯法，如习惯、判例、法理、宗教经典等。我国法的渊源是以宪法为核心的各种成文法为主的，信息法自不例外。这些成文法由于制定机关的不同而具有不同的法律规范效力，从而分属于不同的法律层次。

二、信息法的体系

信息法体系是指由各种信息法律法规等构成的规范性文件系统，它是信息法的外在形式结构。尽管在法律的制定过程中，考虑符合现实需要的同时要强调法律内容的前瞻性，但是，由于社会的不断发展，科学技术的不断进步，相对于现实来说法律内容总是存在一定的滞后性。在信息法体系方面亦然。从世界范围来看，目前还没有一个国家已经提出并构建了完善的信息法体系。因此，以下讨论的信息法体系的内容既包括现有的法律法规，也包括之后应当制定的法律法规。当然，随着时间的推移，信息法体系也会不断地有所变更。

从信息活动的主体、客体、手段、环境以及信息产业等角度出发，我们认为一个完善的信息法体系，应当包括一部信息基本法，对信息法的立法宗旨、基本原则、调整对象、范围、信息法律关系、奖惩原则等做出规定，从而对其相关的信息法律法规提供制定的基础。同时，其他信息法律法规则必须以信息基本法为依据。此外，信息法体系还应该包含以下几类法律法规。

第一，信息管理法。信息管理主要包括对政府信息、商用信息、公益信息三类信息的管理。在信息管理的作用日益提高的今天，如何制定这三类信息的管理和开发利用的具体规则，如何在对其进行统筹规划、合理布局、实现信息的公开与共享的同时平衡个人、集体和国家乃至国家之间的利益，成了至关重要的问题。信息管理法主要针对信息管理中的权利义务关系，强调对信息管理流程中各个环节的规范。

第二，信息技术法。在我国目前的背景下，为了促进信息技术的发展，必须制定评估信息技术的程序、办法，明确信息技术在经济与社会发展中的地位和作用，确定信息技术的发展方向，制定切实可行的发展规划，对发展信息技术的战略目标、战略步骤、基本方针等做出规定，加强信息技术的引进、消化吸收和标准化管理，合理分配和使用无线电频谱资源并防止信息技术的功能异化，以达到趋利避害、明智发展的目的。相应地，我国的信息技术法主要应当包括信息技术评估、信息技术发展规划与计划，尤其是计算机技术、电子技术、无线电频谱管理，以及信息技术标准等方面的法律法规和条例等。

第三，信息产业法。信息产业作为未来社会的支柱型产业，其发展关系着整个经济和社会的全面进步。信息产业的范围很宽泛，从宏观的角度来说，主要包括信息设备制造业和信息服务业等。对它们的发展、运作、管理等一系列相关问题做出明确的规定，从而促进信息产业的发展，是目前我国信息立法应当考虑的因素之一。信息产业法主要涉及信息设备制造业法和信息服务业法，前者包括计算机生产业、通信设备生产业、信息工程建设等方面的法律法规和条例等，而后者则包括涉及信息提供业、信息处理业、软件开发及计算机系统集成业、电信服务业、咨询业、经纪业、互联网服务业、公共服务业等的一系列法律法规和条例。

第四，信息人才法。与信息政策的内容相对应，人才也是信息立法的重要方面。信息人才法主要包括信息人才教育、信息处理技术职务管理、信息生产者资格认定、信息经营者资格认定、信息人才业务兼职、信息机构中信息人员聘任等方面的法律法规和条例。

第五，信息机构组织法。信息机构通过其信息人员从事各种信息活动并为他人提供各种信息服务，推动和促进信息产业的发展。可以说，信息机构是信息法律关系的主体之一。而如何规划、指导和管理信息机构，则是影响到信息活动正常进行、信息交换市场良好运行、信息产业迅猛发展的至关重要的基础。信息机构组织法包括约束和规范国家、部门、地方、企事业单位、高等院校、集体和民营信息机构组织的法律法规和条例，还包括信息协会、信息网络组织管理条例等。

第六，信息流通法。为了规范信息流通领域的一系列信息活动，应当制定相应信息流通领域的规则，包括信息标准统一、信息公开、信息自由、邮政、广告法、新闻出版、技术合同以及跨国数据传输等方面的法律法规和条约。

第七，信息安全法。促进信息流通的同时，我们还必须考虑到对相关信息的保密工作，以及信息流通过程中的安全问题。随着信息技术的普及和信息系统的扩大，信息的安全保密日益困难，并且单纯用技术手段无法克服。如何利用法律保护国家秘密和个人隐私，如何在保证信息系统开放性的基础上，保障计算机信息系统和信息网络的安全，已成为信息立法所要解决的棘手问题之一。信息安全法包括保守国家秘密、档案管理、隐私权保护、科学技术保密、计算机信息系统安全、信息加密与解密以及信息网络安全保护等方面的法律法规和条例等。

第八，知识产权法。信息技术的发展，给原来的知识产权保护制度提出了很大的挑战，计算机软件、域名等新的知识产权保护领域的出现，也需要现有知识产权保护法律法规的调整和扩充。知识产权法应当包括对现有著作权、专利权、商标权的更新以及考虑对计算机软件、集成电路、半导体、芯片、域名等方面保护的相关法律法规和条例。

第九，信息市场法。信息经济发展的势头正旺，信息市场也成为重要的市场类型之一。对于市场，光靠市场的手段任其发展是需要很大代价的，信息市场亦然。因此，加强信息市场的规范化管理，对信息商品价格的确定、信息商品的质量、信息交易的规则及税收管理等做出明确的规定，是改变目前信息市场无法可依、无章可循的现象的重要出路。信息市场法主要包括信息商品价格管理、信息商品质量管理、商业秘密保护、反不正当竞争、反垄断以及贸易税收管理等方面的法律法规和条例。

当然，以上对信息法体系的划分并不是绝对的，信息法体系中的各个法律法规及条例也不是只局限于某一个领域，它们之间有一定的交叉。比如商业秘密保护法，就不只属于信息市场法领域，还属于信息流通法、信息安全法等其他领域。各个领域的法律法规和条例相辅相成，共同构成我国的信息法律体系。

三、我国信息立法的现状

如果以对知识产权的保护为标志的话，信息法制建设的历史可以追溯到工业革命时期的欧洲，而现代社会的信息法制建设则是在电子化的大潮中出现的，尤其是 20 世纪 90 年代以来，随着信息技术的发展、互联网的普及以及各国信息化水平的提高，信息法制建设迅速兴起。

在我国，国家和政府也对信息立法投入了相当多的研究和实践，尤其是随着我国信息化进程的推进，信息立法已是我国当前信息化进展的关键问题之一。因此，加强信息立法的相关研究，从宏观的角度对我国的信息立法进行规划，不断完善现有的信息法律体系是我国今后信息法治建设的重点。同时，在信息法制建设的过程中，也应当充分考虑我国现有的信息化水平和实际国情，对具体的问题进行相应的立法或对现有的法律法规进行修改或调整，以逐步推动我国的信息法制建设。

第三节　信息道德

道德是由一定的社会经济关系决定的，依靠社会舆论、传统习俗和人们内心的信念来维系的，表现为善恶对立的心理意识、原则规范和行为活动的总和。道德是反映一定的社会物质生活条件并随着这种物质生活条件的变化而变化的社会意识形态；它不同于其他社会意识形态和行为规范，不是靠外来强制力量起作用，而是靠社会舆论、传统习俗尤其是人们内心的信念来发挥其作用，是通过对善恶的评价，使人们的行为实现从"现有"到"应有"的矛盾转化的行为规范。"伦理"是指人们在处理各种社会关系时所应遵循的道理、准则或要求，它和道德的含义很相似，只是它强调社会对个人提出的行为准则或要求，而"道德"强调个人对这些准则或要求的认同或践履。在历史和现实中，人们常把两者联用，称作"伦理道德"。

可以说，伦理道德是除了政策、法律之外的又一大调整人们社会关系的手段。而随着社会经济关系的演变以及科学技术的发展，道德危机不断出现，新的道德标准、道德规范也不断产生。

一、信息道德的含义

信息道德是指在信息的采集、加工、存储、传播和利用等信息活动各个环节中，用来规范其间产生的各种社会关系的道德意识、道德规范和道德行为的总和。它通过社会舆论、传统习俗等，使人们形成一定的信念、价值观和习惯，从而使人们自觉地通过自己的判断规范自己的信息行为。

信息道德作为信息管理的一种手段，与信息政策、信息法律有密切的关系，它们各自从不同的角度实现对信息及信息行为的规范和管理。信息道德以其巨大的约束力在潜移默化中规范人们的信息行为，信息政策和信息法律的制定和实施必须考虑现实社会的道德基础，所以说，信息道德是信息政策和信息法律建立和发挥作用的基础；而在自觉、自发的道德约束无法涉及的领域，以法制手段调节信息活动中的各种关系的信息政策和信息法律则能够发挥充分的作用；信息政策弥补了信息法律滞后的不足，其形式较为灵活，有较强的适应性，而信息法律则将相应的信息政策、信息道德固化为成文的法律、规定、条例等形式，从而使信息政策和信息道德的实施具有一定的强制性，更加有法可依。信息道德、信息政策和信息法律三者相互补充、相辅相成，共同促进各种信息活动的正常进行。

但是，和信息政策、信息法律相比，信息道德具有自己的特点，主要体现在以下几个方面。

第一，无特定的制定主体。信息政策是一种行政手段，是由国家、地区或者国际组织的行政机关制定的。信息法律是一种法律手段，是由相应的立法机关制定的。而信息道德是一种道德手段，是依靠社会舆论和内心信念形成的一种行为规范，并没有一个明确的制定主体。信息政策和信息法律是由统治阶级制定的，反映统治阶级的意志和利益，而信息道德的形成尽管也有统治阶级的导向作用，但更多的是社会经济关系的体现，是自发形成的，存在于人们的意识中，而无须统治阶级的认可和发文颁布。

第二，执行手段独特。由于制定主体的不同，信息政策、信息法律和信息道德的执行手段也有所不同。信息政策根据其政策的作用范围，针对一定的部门或主体进行执行，相关的政策制定部门可以对违反者施以行政处罚，因此信息政策的执行具有一定的强制性；但是，信息政策的具体内容的表述具有一些不确定性，加上执行过程中受到外界因素的影响，其强制性也大打折扣。信息法律是由立法机关制定和认可的，其实施受到国家强制力量的监督，任何违反信息法律的行为都必然受到惩罚，因此，信息法律的约束力是强制的，其执行力度是最大的。而信息道德的执行并没有任何机构或者组织来管理，它依靠社会舆论和社会评价以及人们内心的信念、传统习惯和价值观来维持，通过人们内在的道德来自觉实现，其约束力具有很大的弹性。

第三，作用范围最广泛。信息政策是不同的行政部门就信息活动的某些方面所制定的规范，是在一定时期内的行为准则，针对性强，但是它会随着国家政权的变化而变化，容易受国内外形势或重大事件的影响，因此信息政策具有一定的阶段性和灵活性，其作用范围也有一定的局限性。信息法律由于必须兼顾公平和效率，对所有的信息主体都具有法律效力，可以说信息法律的作用范围比信息政策更普遍、更稳定、实效性更强，并且不会随着领导人的变更而有很多变化。尽管信息道德的约束力具有很大的弹性，完全根据社会成员和组织个人的道德意识而变化，但是从作用范围上看，信息道德的作用范围比信息政策和信息法律的作用范围都要广，它涉及信息活动的各个层次和环节以及相关的社会生活的各个领域，具有最普遍的约束力，可以说，信息道德的调节范围既包括信息政策和信息法律能调节的因素，也包括信息政策和信息法律不能调节的方面。

换个角度来看，信息道德功能的发挥也是多方面的，它引导人们对自己信息行为的认识，启示人们科学地洞察和认识信息时代社会道德生活的特征和规律，从而正确地选择自己的信息行为，设计自己的信息生活；调节信息活动中的各种关系，指导和纠正个人的信息行为，同时也可以指导和纠正团体的信息行为，使其符合信息社会基本的价值规范和道德准则，从而使社会信息活动中个人与他人、个人与社会的关系变得和谐与完善，使存在的符合应有的；对人们的信息意识的形成、信息行为的发生有很多教育功能，通过舆论、习惯、传统，特别是良心，培养人们良好的信息道德意识、品质和行为，从而提高人们信息活动的精神境界和道德水平。最终对个人和组织等信息行为主体的各种信息行为产生约束或激励，从而发挥其对信息管理顺利进行的规范作用。

二、信息道德的构成

作为一种社会意识形态，社会信息道德水准的高低是一个国家或民族精神文明发达与否的重要标志。而作为一种信息管理的规范手段，信息道德水平的高低则直接影响着信息活动的进行、信息产业的发展、信息市场的繁荣。

从构成上看，信息道德的内容可概括为两个方面、三个层次。

（一）两个方面

所谓信息道德的两个方面，即信息道德的主观方面和信息道德的客观方面。前者指人类个体在信息活动中以心理活动形式表现出来的道德观念、情感、行为和品质，如对信息劳动的价值认同，对非法窃取他人信息成果的鄙视等，即个人信息道德；后者指社会信息活动中人与人之间的关系以及反映这种关系的行为准则与规范，如扬善抑恶、权利义务、契约精神等，即社会信息道德。

（二）三个层次

所谓信息道德的三个层次，即信息道德意识、信息道德关系、信息道德活动。

信息道德意识是信息道德的第一层次，包括与信息相关的道德观念、道德情感、道德意志、道德信念、道德理想等，是信息道德行为的深层心理动因。信息道德意识集中地体现在信息道德原则、规范和范畴之中。

信息道德关系是信息道德的第二个层次，包括个人与个人的关系、个人与组织的关系、组织与组织的关系。这种关系是建立在一定的权利和义务的基础之上，并以一定的信息道德规范形式表现出来的。如网络条件下的资源共享，网络成员既有共享网上信息资源的权利（尽管有级次之分），也要承担相应的义务，遵循网络的管理规则，成员之间的关系是通过大家共同认同的信息道德规范和准则维系的。信息道德关系是一种特殊的社会关系，是被经济关系和其他社会关系所决定、所派生出的人与人之间的信息关系。

信息道德活动是信息道德的第三层次，包括信息道德行为、信息道德评价、信息道德教育和信息道德修养等。这是信息道德的一个十分活跃的层次。信息道德行为即人们在信息交流中所采取的有意识的、经过选择的行动；根据一定的信息道德规范对人们的信息行为进行善恶判断即为信息道德评价；按一定的信息道德理想对人的品质和性格进行陶冶就是信息道德教育；信息道德修养则是人们对自己的信息意识和信息行为的自我解剖、自我改造。生活之树常青，信息道德活动主要体现在信息道德实践中。

总的来说，作为意识现象的信息道德，它是主观的东西；作为关系现象的信息道德，它是客观的东西；作为活动现象的信息道德，则是主观见之于客观的东西。换句话说，信息道德是主观方面即个人信息道德与客观方面即社会信息道德的有机统一。

目前，信息道德的两大热点领域是信息技术道德和网络道德。

信息技术道德的形成有科学技术道德的基础，是随着信息技术的发展而逐渐开始产生的。事实上，信息技术道德属于科学技术道德的范畴，只是由于信息技术的特殊性，及其对现代社会产生的巨大影响，信息技术道德要求在原来传统科学技术道德的基础上有所拓展。如何从道德的角度，对信息技术的研制、开发以及利用进行必要的规范和约束，使得信息技术的负面效应尽量减少，最大程度地促使信息技术应用的正面效果，从而保证信息技术朝着有利于人类生存、有利于社会发展的方向进行，是信息技术道德研究的重点。

而网络道德则可以说是随着计算机技术、互联网技术等现代信息技术的出现才开始诞生的。互联网的发展，使得一个全新的网络社会开始产生并逐渐繁荣，成了人们物理生活社会之外的另一个虚拟生活社会。更重要的是，网络社会在人们生活和社会发展中的趋势是不容置疑的，它对人们的工作、学习、生活的意义日趋重要，对社会经济、政治、文化发展的影响也逐日提升。但是，在网络社会中，知识产权、个人隐私、信息安全、信息共享等各种问题也纷纷出现，使得传统的社会伦理道德在网络空间中显得苍白无力。为了规范和管理网络社会中的各种关系，伦理道德的手段被引入其中。目前，网络道德的研究和实践已经引起国内外的普遍重视。

作为一种随着信息技术的产生和信息化的深入而逐渐提上日程的道德规范，信息道德的建设对于世界各国来说，都是一个需要继续努力的重要课题。作为一个发展中国家，我国更应该根据现有的信息伦理道德水平，借鉴国外的研究成果，加强宣传和教育，不仅仅要加强青年人的信息伦理道德的教育，更应该致力于全民的信息伦理道德建设，从而增强信息行为主体的文明意识和道德水平，使他们能够更好地在信息社会中自爱、自律，为共同促进信息社会的发展而努力。

总之，在信息政策、信息法律和信息道德的建设方面，我们仍有很长的路要走。我们应当在加强理论研究的同时，明确各信息行为主体的权利义务关系，建设和发展相关的信息行为和信息道德的监督机构，在运用政策的手段对全国的信息活动进行宏观规划和引导的同时，加强信息道德的教育，充分发挥信息道德的重要作用，同时，以信息法律法规、条例的形式，将信息政策和信息道德的一些内容以条文的形式固定下来。这样，使信息政策、信息法律和信息道德相辅相成，共同促进我国信息管理事业的发展。

参考文献

［1］ 王谦. 大数据时代财务管理信息化建设创新研究［M］. 长春：吉林出版集团股份有限公司，2024.

［2］ 陈忆金，奉国和. 数据资源管理［M］. 北京：机械工业出版社，2024.

［3］ 武诗媛. 大数据时代的企业管理研究［M］. 北京：中国商业出版社，2024.

［4］ 王世翔. 大数据时代高校大学生管理工挑战与应对策略［M］. 长春：吉林出版集团股份有限公司，2024.

［5］ 罗勇. 大数据科学技术研究［M］. 北京：中国纺织出版社，2024.

［6］ 李建廷. 大数据时代人工智能在网络信息检索中的应用及发展［M］. 北京：中国纺织出版社，2024.

［7］ 严承华，陈璐，周大伟. 信息安全管理［M］. 北京：清华大学出版社，2024.

［8］ 金刚，王皓，杨兴龙. 大数据时代下高校教育管理与信息化研究［M］. 长春：吉林文史出版社，2023.

［9］ 郭星明，马荣飞，李金营. 信息系统的低代码开发［M］. 杭州：浙江工商大学出版社，2023.

［10］ 霍灵瑜，田志勇，王烨大数据时代的 ERP［M］. 北京：机械工业出版社，2023.

［11］ 黄如花，肖希明. 数字信息时代的图书馆管理［M］. 武汉：武汉大学出版社，2023.

［12］ 赵小芳，张东，张辉. 大数据时代高校教育管理研究 ［M］. 天津：天津科学技术出版社，2023.

［13］ 沈保华. 大数据视域下高校教育管理与大学生信息素养培养 ［M］. 北京：中国纺织出版社，2023.

［14］ 夏娟，蔺超，程承. 大数据时代推进企业财务管理创新研究 ［M］. 北京：现代出版社，2023.

［15］ 张强，贾卫. 大数据时代的信息安全管理制度研究 ［M］. 哈尔滨：哈尔滨工程大学出版社，2022.

［16］ 齐小刚，刘立芳，刘美丽. 复杂信息网络建模与优化技术 ［M］. 西安：西安电子科学技术大学出版社，2023.

［17］ 宫宇. 管理信息系统 ［M］. 2 版. 北京：北京理工大学出版社，2023.

［18］ 张利娜. 管理信息系统 ［M］. 南京：东南大学出版社，2023.

［19］ 张晓丰. 装备管理信息系统 ［M］. 北京：国防工业出版社，2023.

［20］ 唐成华. 信息安全工程与管理 ［M］. 西安：西安电子科学技术大学出版社，2023.

［21］ 叶思远. 网络信息安全与管理 ［M］. 长春：吉林文史出版社，2023.

［22］ 王结虎，祝宝升，刘利峰. 电子信息与网络安全管理实践 ［M］. 哈尔滨：哈尔滨出版社，2023.

［23］ 吕雪，张昊，王喆. 计算机信息技术与大数据安全管理 ［M］. 哈尔滨：哈尔滨出版社，2023.

［24］ 李博，栗俊杰. 网络媒体与信息管理研究 ［M］. 2 版. 北京：燕山大学出版社，2022.

［25］ 李晶，郭同济. 信息管理思想史 ［M］. 北京：企业管理出版社，2022.

［26］ 张辉鹏. 网络信息安全与管理 ［M］. 延吉：延边大学出版社，2022.

［27］ 吕俊杰，王元卓，鲁小凡. 大数据环境下信息安全风险管理 ［M］. 北京：中国财富出版社，2022.

［28］ 金华松. 信息安全管理［M］. 北京：北京希望电子出版社，2022.

［29］ 李建华，林祥，马颖华，等. 信息内容安全管理及应用［M］. 北京：
机械工业出版社，2022.

［30］ 赵明生，许源，吴育宝，等. 公安信息网络安全管理［M］. 南京：东
南大学出版社，2022.